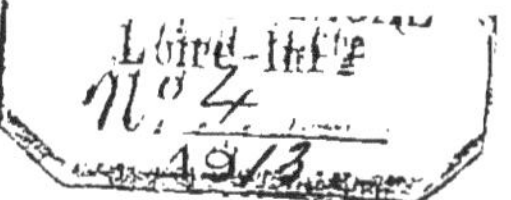

LÉON MAITRE

Le Lac de Grandlieu et ses Affluents

TOPOGRAPHIE, PROJETS DE DESSÉCHEMENT,
TRAVAUX EXÉCUTÉS,
ORGANISATION DE SOCIÉTÉS.

◆ ◆ ◆

Deuxième Livraison

NANTES
IMPRIMERIE A. DUGAS, 5, Quai Cassard

1912

Léon MAITRE

Le Lac de Grandlieu et ses Affluents

Deuxième Partie

TOPOGRAPHIE
NAVIGATION ANCIENNE & NOUVELLE
PROJETS DE DESSÈCHEMENT
TRAVAUX EXÉCUTÉS
ORGANISATION DE SOCIÉTÉS

RENNES
IMPRIMERIE OBERTHUR

1912

CHAPITRE VII

Description physique du Lac et de ses affluents :
Le Tenu, l'Ognon et la Boulogne
Preuves de leur navigabilité ancienne

I

Considérations générales sur le bassin : son âge, sa configuration et ses rives

Avant l'annexion de la Savoie à la France, il n'y avait pas chez nous d'étendue d'eau aussi considérable que celle du lac de Grandlieu. Sa cuvette naturelle, prise dans sa partie inférieure, a un contour de sept lieues, et sa surface tant en marais qu'en eaux vives, ne mesure pas moins de 3,782 hectares. Au midi, il est parfaitement délimité par des hauteurs que couronne le bourg de Saint-Lumine de Coutais, mais, sur les autres côtés, les bordures ne sont pas sensiblement relevées. Ce bassin représente une immense dépression accomplie sans secousse violente, qui n'a rien de commun avec les lacs des pays volcaniques dont les approches sont abruptes. On doublerait sa superficie, si on évaluait les terrains dont il reçoit directement les eaux, c'est-à-dire si on embrassait tout le territoire que délimitent les routes de Paimbœuf et de Saint-Philbert. Les ingénieurs ont évalué à 1.250 kilomètres carrés la surface du bassin total du lac et de ses affluents.

Pour M. l'ingénieur Jégou, c'est un territoire de 85,000 hectares qui verse ses eaux dans le lac : « Dans son ensemble, » le bassin du lac se compose : 1° du lac proprement dit, » contenant 3,700 hectares dans la partie la plus profonde » du bassin; 2° de 3,800 hectares de marais situés sur les rives

» du lac et de ses affluents, un peu plus élevés que le lac, » revendiqués par les riverains [1]. »

En le considérant d'un peu loin, pendant les basses eaux de la belle saison, on peut s'imaginer, des coteaux de Saint-Lumine, qu'on est sur les gradins d'un immense cirque, car sa forme est ovoïde, et, quand le vent d'hiver agite les vagues, on se croirait en face d'une petite mer intérieure.

Son fond est très inégal. Sur la rive de Passay, on navigue avec des perches de peu de longueur qui enfoncent dans le sable, tandis que, sur la rive opposée de Saint-Mars, le solide se dérobe sous une couche épaisse de vase qui semble cacher un abîme insondable et qui ne mesure pas moins de 15 mètres en profondeur.

On le nomme, suivant les circonstances, tantôt lac, tantôt étang. En réalité, c'est un véritable bassin d'eaux vives et courantes qui sert d'élargissement au passage de trois rivières : deux à Saint-Philbert et une au Pont-Saint-Martin.

Sa sortie est si étranglée que le géographe El. Reclus a voulu voir là un reste d'isthme qui, à une époque ancienne, aurait fermé le bassin. Si cette clôture supposée était admise, il faudrait la reporter aux époques secondaire ou tertiaire de la géologie ; autrement, on ferait un bassin de dimensions énormes qui ne cadrerait plus avec les traces d'habitation que nous relevons sur les bords. Depuis l'apparition de l'homme sur le globe, le périmètre du lac n'a guère varié, ses contours sont marqués par des monuments mégalithiques qui se voient sur les bords de l'Ognon, au Pont-Saint-Martin, au Port-Faissant, sur le Tenu, et à Cheix, sur la Chenau.

La grève du Butay, à laquelle Elisée Reclus semble faire allusion, est, en effet, un barrage naturel, composé d'un sommet rocheux, sur 100 mètres de long, recouvert d'un amas de sable qui s'est accumulé non loin du confluent du Lac avec le Tenu. Il a été maintenu jusqu'en 1813 comme un obstacle nécessaire à la conservation du plan d'eau exigé par les bate-

(1) Ces 3,800 hectares sont ceux qui paient des cotisations à la Société du Canal de Buzay pour être irrigués.

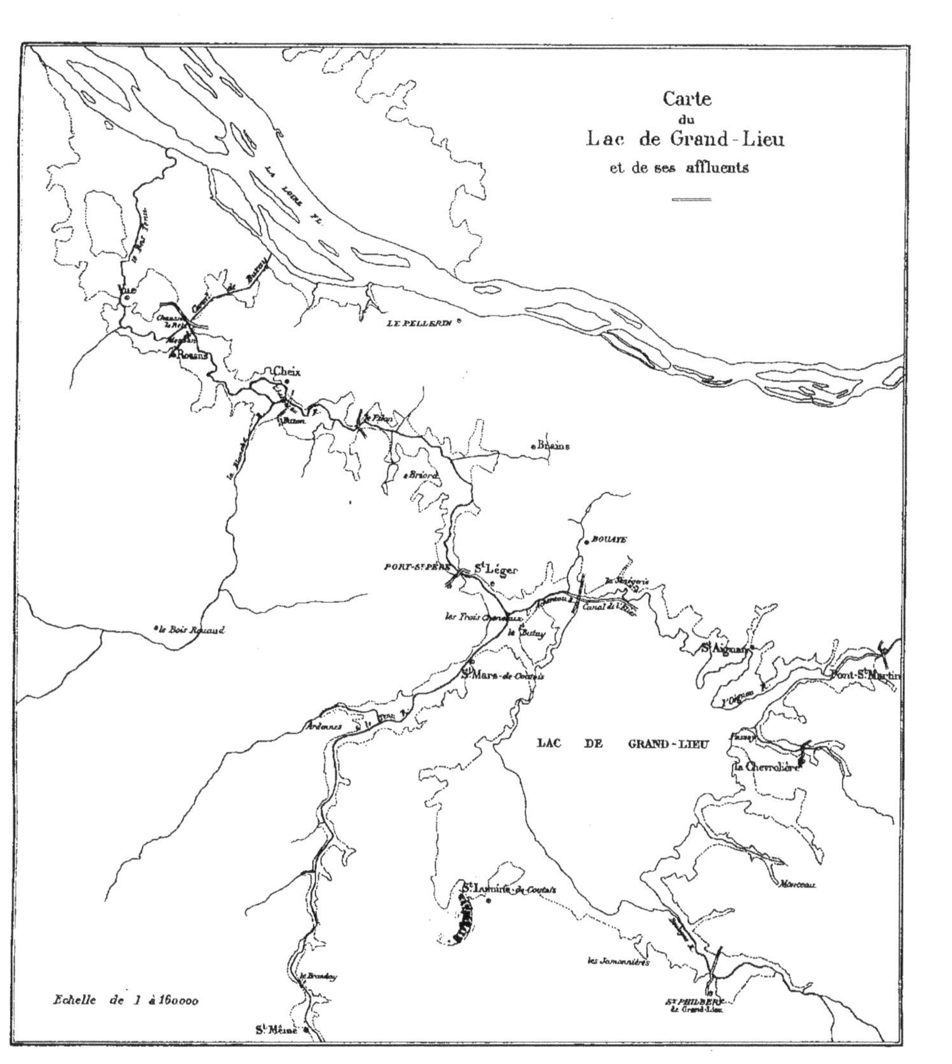

Carte
du
Lac de Grand-Lieu
et de ses affluents
LA LOIRE FL.
LE PELLERIN
Vue
Rouans
Cheix
Brains
Briord
BOUAYE
PORT-St PÈRE
St Léger
le Butay
St Mars-de Coutais
St Aignan
Pont-St Martin
LAC DE GRAND-LIEU
Passay
la Chevrolière
Monceau
St Lumine-de Coutais
les Jamonnières
St PHILBERT de Grand-Lieu
le Bois Rouaud
St Même
Echelle de 1 à 160000

liers. Dans une action en bornage intentée à M. de Juigné par M. Biré de la Ville-en-Bois, en 1836, le demandeur prétendait délimiter le bassin naturel du lac avec le secours de *la Grève* qui aurait été un repère légal.

Quel nom mérite ce grand bassin ? Est-ce un lac ou un étang ? Cette question mériterait d'être résolue depuis longtemps, car sa solution peut modifier dans un sens ou dans un autre la question de propriété, la législation étant toute différente suivant que le cours d'eau est navigable ou non navigable.

Un étang est un réservoir d'eau artificiel, alimenté par les sources ou les pluies, qui se pratique ordinairement dans une vallée en la fermant par un barrage. Ce n'est pas la conformation qu'on peut appliquer au lac de Grandlieu bien qu'il ait, pendant l'été, l'apparence d'un marécage sur certains rivages; ce bassin conserve en toute saison un chenal navigable, il reçoit plusieurs cours d'eau profonds et se déverse dans une rivière qui est navigable pour les bateaux de commerce depuis l'époque mérovingienne au moins. Bien plus, il paraît incontestable qu'il est dans la même région que la Loire maritime et qu'il serait apte à recevoir les inondations des marées comme le port de Nantes, si le Tenu, qui est son chenal naturel jusqu'à Vue, était rendu à son état primitif, c'est-à-dire débarrassé de toutes les vases que les siècles ont accumulées à son embouchure. Loin de veiller à son curage, le Moyen Age n'a fait qu'entasser les obstacles par les moulins et les pêcheries. C'est pourquoi l'opinion a varié sur la vraie conformation du lac et lui a parfois appliqué le nom d'étang. Les maîtres des Eaux et Forêts eux-mêmes s'y sont trompés dans plusieurs cas. Maintenant que les travaux modernes et les recherches historiques nous éclairent sur les fonctions que remplissaient le lac et la Chenau dans la Basse-Loire, nous ne pouvons plus employer d'autre terme que celui de *lac de Grandlieu*. C'est un organe de la navigation telle qu'on l'entendait sous l'Ancien Régime, accessible aux radeaux, aux sentines, aux barges et aux chalands. La Loire aussi ressemble au Sahara pendant l'été, elle perd alors son nom de fleuve, mais elle le reprend bien vite dès que l'hiver arrive.

La pente du lac à la Loire est très faible. Lorsque les crues de la Loire viennent à coïncider avec les crues du lac, ce qui a lieu le plus souvent, l'écoulement à la Loire est suspendu, et, en toute saison, il cesse à l'heure des marées hautes. Enfin, lorsqu'au retour de l'été, les eaux ont été abaissées au niveau d'étiage, c'est-à-dire au niveau de 2 mètres mesurés à l'échelle du Port-Saint-Père, on peut faire remonter les marées jusque dans Grandlieu, quoiqu'il y ait 22 kilomètres à parcourir dans la Chenau, entre la Loire et le lac. Par ces causes, dès que le courant s'établit dans les affluents du lac, dès que ces affluents sortent de leur lit, la Chenau cesse de fonctionner comme émissaire des eaux du bassin et se met à couler en sens inverse, précipitant ses eaux dans le lac comme les autres affluents.

Tel est le système hydraulique établi par la Nature dans cette région. Le lac est le modérateur de ses affluents. Aussitôt qu'il a réuni ses eaux à celles du Tenu, l'émissaire du lac verse son trop-plein dans la Chenau qui les conduit à la Loire.

Il est aisé de pressentir que l'aspect de ce bassin s'est beaucoup modifié à travers les siècles, son fond s'est exhaussé par suite de l'abondance des vases entraînées par ses affluents, et, en se condensant sur ses rives, les alluvions ont formé des prés-marais de qualité fort inégale suivant les régions. L'exhaussement a été rapide dans toutes les parties où les eaux privées de courant étaient condamnées à la stagnation. C'est le fait qui s'est produit d'abord dans le fond du lac, côté sud, sur les rives de Saint-Lumine, de Saint-Philbert et de Saint-Mars, et ensuite, vers le nord, parce que le courant entraînait des vases vers le rétrécissement du déversoir dans la Chenau, à Bouaye. Chaque commune riveraine s'est trouvée ainsi en possession d'une certaine bordure de prés-marais, tantôt inondés, tantôt desséchés, qui servent de pâture ou de parc à roseaux. Le même avantage a été recueilli par les riverains du Tenu, de l'Ognon et de la Chenau, parce que ces cours d'eau déroulent leurs sinuosités à travers un lit de prairies basses, d'une largeur très capricieuse.

Pour peu qu'on ait vécu dans cette plantureuse contrée, on comprend que les villages soient très rapprochés les uns des autres. Je ne vois pas dans la Basse-Loire de région où la population aurait pu trouver une vie plus large et un abri plus sûr, des communications plus faciles dans toutes les directions, une terre plus fertile. Les vastes forêts de Bouaye (Bois), des Huguetières, des Aubrais, de Machecoul, de Dun, d'Ardenne qui prolongeaient leurs végétations jusque sur les pentes de ce bassin merveilleux, lui formaient une ceinture d'ombrages sans pareils, où les habitants trouvaient des moyens d'existence inépuisables par la chasse et la pêche.

Les cyclones ont fait disparaître une partie de ces bois en les couchant le long des rives, c'est pourquoi les cultivateurs ne peuvent pas creuser un fossé dans les régions d'eau dormante sans retirer des pièces de bois plus ou moins longues. Dans les eaux vives, les arbres ont été emportés par les courants; ailleurs, ils se sont entassés au point d'encombrer le chenal. Quand le service de la navigation a fait nettoyer l'embouchure de l'Ognon, il n'y a pas 50 ans, l'ingénieur Navereau se rappelle très bien avoir assisté à une exhumation considérable de bois ensevelis sous l'eau et la vase depuis des siècles.

Du côté opposé, en Saint-Mars-de-Coutais, il existe un canton dit de la *Forêt-Noire*, tant le sol est rempli de bois corrompu par les eaux, au tenement du Plessis. Les témoins de ces découvertes n'ont pas toujours pris le temps d'examiner attentivement si les bois étaient travaillés et s'ils ressemblaient à des pieux. M. Hocquard, ingénieur du comte de Juigné, pour sa part, m'a assuré que certains morceaux portaient des entailles faites avec des instruments de pierre. Dans ce cas, on est autorisé à croire que les bords du lac auraient été habités, comme les lacs de la Suisse, avant l'invasion gauloise; les pieux seraient les restes des habitations lacustres, ce qui est très admissible.

II

Le lac est navigable et a toujours été navigable

La navigation du lac et de ses affluents, sa communication avec la Loire est un avantage auquel les riverains n'ont jamais été indifférents et qui a toujours éveillé leurs soucis toutes les fois que les questions du dessèchement du lac, de l'abaissement du plan d'eau et de l'amélioration du chenal de décharge ont été discutées. On parle si souvent de bateaux, de transports et d'écluses, à toutes les époques d'enquête, qu'on s'habitue à regarder le bassin du lac de Grandlieu comme une région commerçante dont la vie est liée au bon état des voies navigables. On sera frappé de tous les faits rapportés pendant les enquêtes du XVIe siècle et lors de l'enquête de 1712. Il n'est guère d'article où les comparants ne viennent donner leur adhésion aux projets d'amélioration des sieurs du Pé et de la Blottière pourvu qu'ils ne nuisent pas à la navigation (1).

Les habitants de Cheix et de Saint-Léger déclarent que quelque quantité d'eau qu'on tire de la Chenau, il s'en trouve encore assez pour le passage des bateaux; ils l'ont remarqué même dans les années les plus sèches (pp. 8 et 12); sur les rives de la paroisse du Port-Saint-Père, le commissaire exprime l'avis que le niveau de l'eau soit abaissé de 2 à 3 pieds pour que les bateliers puissent jouir d'un chemin de halage sur des rives raffermies, l'usage de la voile étant impraticable dans une vallée pleine de détours.

Le représentant du marquis de Crux dépose que son maître est intéressé à la conservation des eaux telles qu'elles sont depuis Saint-Philbert jusqu'à la Loire, parce que, *c'est par là* que les bois de ses forêts de Touvois et de Roche-Servière

(1) La ville de Nantes suivait d'un œil attentif ce qui se passait autour du lac, c'est elle qui a conservé les documents les plus anciens.

« se peuvent voiturer et conduire par eau soit à Nantes ou à la Mer, aussi bien que toutes les denrées de ses terres circonvoisines du lac » (p. 14).

Les habitants du Pont-Saint-Martin répondirent qu'ils consentiraient au desséchement « pourvu qu'il fût utile et profitable à la navigation et non nuisible » (p. 16).

Sur la Chevrolière, le sieur Charette de la Joue et de l'Arsangle demande le *statu quo* parce qu'autrement il aurait l'incommodité « d'aller bien loin chercher un port, l'ayant à » une portée de fusil pour envoyer ses vins, bois, fruits et » autres denrées, à Nantes et autres lieux » (p. 18).

Les habitants de Saint-Philbert veulent bien contribuer aux frais du desséchement pourvu qu'il ne préjudicie pas au commerce de la navigation, et que les entrepreneurs se chargent d'excaver les hauts-fonds qui gêneraient le passage des bateaux (p. 20).

Le sénéchal du duché de Retz dit « qu'il est de la dernière conséquence de conserver la navigation de la rivière du Tenu pour le commerce des blés, vins et autres denrées qu'on conduit à Nantes et de toutes sortes de matériaux et marchandises qui viennent de la rivière de Nantes à celle du Tenu » (p. 25). Puis le receveur général du duché vint à son tour protester contre le desséchement au nom de la duchesse de Lesdiguière, ajoutant, dans tous les cas, qu'il y a « lieu » d'entendre les habitants des paroisses des alentours de » Machecoul qui débitent leurs fruits et denrées par la rivière » du Tenu et qui reçoivent les marchandises dont ils ont » besoin par lad. rivière ».

Le seigneur du Moulin-Henriet ne croit pas qu'on puisse abaisser le plan d'eau sans arrêter la navigation du Tenu, qui contient peu de profondeur sur la platière d'Ardenne (p. 26).

Les paroissiens de Sainte-Pazanne, par l'organe de leur recteur, ne font pas d'opposition pourvu que les opérations ne préjudicient pas à la navigation (p. 26).

Les marchandises ne manquaient pas pour les chargements, les vins des coteaux de Saint-Aignan et de Saint-Léger avaient leur réputation sur le marché de Nantes, comme ceux de

Saint-Philbert et de Saint-Lumine. Ils s'expédiaient par le lac et le Tenu sur des petits bateaux longs et étroits qui passaient à travers les obstacles, car ils calaient peu d'eau et pouvaient au besoin s'alléger sur certains hauts fonds. On débarquait l'excédent. C'est ainsi qu'on entendait la navigation.

III

La rivière du Tenu, affluent de la Loire, a toujours été navigable

A voir son peu de largeur et son cours tranquille à travers des campagnes peu agitées, on ne croirait pas que le nom du Tenu était connu jusque dans les bureaux de la chancellerie des rois mérovingiens. Il prend sa source en Vendée et devient navigable dès son entrée dans la Loire-Inférieure, à Saint-Mesme, où il est capable de porter bateau. Son cours sinueux se développe sur 40 kilomètres comme un ruban à travers les prairies des communes de Sainte-Pazanne, de Saint-Mars, de Port-Saint-Père, qu'il sépare de Brains et de Cheix, arrose Rouans et se jette dans la Loire sur le territoire de Vue en décrivant, à la fin, mille courbes qui allongeaient notablement la route des bateaux avant les rectifications (1).

Mal endigué par les bords plats de sa vallée, il sort de son lit sous les efforts du moindre orage, sans jamais devenir torrent et conserve toujours assez d'eau pour retenir les bateliers.

Le Tenu est donc une rivière qui offre toute sécurité pour la navigation des chalands qu'on emploie sur la Loire depuis les temps les plus reculés. Son seul point faible est à l'embouchure parce que les vases de la Loire s'y accumulent sans cesse, obstruent son lit, diminuent sa profondeur et nécessitent des travaux constants de curage.

(1) Léon Maître, *Géographie hist. de la Loire-Inférieure*, t. II, p. 412.

On peut concevoir un état tout différent si on remonte à quinze siècles en arrière, je veux dire une embouchure quinze cents fois moins encombrée d'alluvions. Au lieu d'être repoussées, les marées entraient librement dans la vallée et, ne rencontrant pas les murailles des passées du Moyen-Age, remontaient moitié dans le lac, moitié dans la vallée qui relie Saint-Mesme au Port-Saint-Père. Deux fois par mois et pendant plusieurs jours, les bateaux lourdement chargés attendaient l'heure propice et, soulevés par la marée, ils pouvaient remonter jusqu'à Saint-Mesme, ou prendre la route du lac qui les portait à Saint-Philbert. C'est ce que font encore aujourd'hui les bateaux de chaux de Chalonne, avec moins d'aisance toutefois que les anciens, puisque les marées modernes sont moins actives (1). Il faut bien croire qu'il en était ainsi puisqu'il est avéré qu'au VIIe siècle les droits de navigation étaient productifs sur le Tenu au point d'exciter la convoitise d'une abbaye des Ardennes.

Sigebert III voulant assurer l'existence de l'abbaye de Stavelot-Malmédy, lui décerna, en 651, un diplôme qui lui concédait un droit de tonlieu à percevoir sur le fleuve du Tenu, *Taunucus*, et sur un autre nommé *Itta*. Celui-ci doit être le chenal du lac entre Saint-Aignan et le confluent qui est voisin du pont du chemin de fer et qu'on nomme les *Trois-Acheneaux.*

La forme *Taunucus* n'a pas été appliquée de suite sans hésitation à la rivière du Tenu parce que les interprètes cherchaient parmi les cours d'eau en vue; or, le nôtre ne figure pas dans toutes les nomenclatures. Par un accident étrange, le nom de Tenu a été retranché de la partie inférieure de la rivière pour lui substituer celui d'*Acheneau*, sous prétexte que cette partie emportant aussi les eaux du lac, mérite un nom spécial. Il en résulte que l'exploration des rives de la Loire n'éclaire pas les interprètes. Il vaut mieux relire les vieux

(1) Une lettre de janvier 1790 à M. de Briord lui dit qu'on a constaté l'introduction des marées dans le lac de Grandlieu en septembre et octobre 1789 (Arch. dép., série C).

textes, car il n'est pas possible que cette rivière n'ait pas été citée une autre fois (1).

En compulsant les chartes des religieux de Saint-Mesmin-de-Micy, qui avaient des biens à Saint-Mesme, on apprend qu'ils perçoivent des revenus dans le pays d'Herbauge et qu'ils expédient des sels par le *Taunucus*. Cette fois, nous sommes éclairés, nous savons que le *Taunucus* est un fleuve de la contrée baignée par le lac et nous sentons que l'expression de *Taunucus* convient bien à notre cours d'eau, bien mieux qu'à n'importe quel fleuve de la Vendée.

Une autre abbaye, celle de Bourgdieu en Berry, fut appelée en 1104 à jouir de divers revenus dans les mêmes eaux et, cette fois, les bienfaiteurs, Judicaël et Budic, comtes de Nantes, s'expriment en français. Ils concèdent aux religieux une écluse dans le *Tonu* (2) et ils ajoutent que l'écluse de Pilon est sur le *Tonu*. Il n'y a plus de doute, le nom du Tenu est bien une transformation de la forme latine *Taunucus*, employée au VIIe siècle et au IXe, il mérite d'être conservé après avoir rempli si longtemps un rôle historique dans les affaires commerciales de la Basse-Loire (3).

Le nom d'*Acheneau*, que l'Administration des Ponts et Chaussées tend à adopter de préférence, est barbare ; son importation est récente, elle paraît contemporaine de l'abandon du Bas-Tenu et de la création du second canal de Buzay. Il faut dire aussi que toutes les questions de dessèchement soulevées en 1713 l'ont relégué au second plan, et que la régularisation des eaux du lac par l'amélioration du Bas-Tenu a peu à peu répandu l'opinion de l'existence d'une troisième rivière qui méritait le nom de *chenal* du lac.

Il est difficile de contrecarrer un usage. Dans les chapitres suivants, pour mieux faire comprendre notre exposé, nous

(1) « In Pictavinsi territorio in portu Vitrariæ, in pago Herbadelico, super fluvium Taunacum » (Dom Bouquet, *Hist. des Gaules*, VI, 556, Diplôme de 828).

(2) « Unam exclusam in *Tonu* aqua » (Archives nationales, K 18, n° 27).

(3) En 1401, on disait à Vue l'*eau du Tenu* en parlant de la Chenau (Arch. dép., H 56). « L'estier de la bouche du Tenu », 1391 (*Turnus Brutus*, t. I, f° 126, Arch. dép.).

nous servirons aussi du nom de *Achenau* pour désigner la partie du fleuve qui se déroule depuis le Port-Saint-Père jusqu'à l'embouchure, c'est-à-dire le Bas-Tenu.

Ce qui a le plus paralysé la navigation du Tenu et jeté le discrédit sur le mouvement commercial de cette vallée, ce sont les inventions fiscales de la Féodalité, les moulins à eau et les pêcheries. Au lieu de faire des ponts avec des arches un peu hautes, on préférait établir des murs assez élevés dans lesquels on ménageait des passées plus ou moins larges qui servaient au passage des bateaux. Les tabliers de bois mobiles qu'on levait et baissait avec des poulies de guindage, recouvraient les passées et livraient passage aux voitures. C'est ainsi que les ponts de Pilon et du Port-Saint-Père furent établis.

Les bateliers s'en accommodaient si bien qu'ils ne firent pas entendre de plaintes à ce sujet et demandèrent la navigabilité dans les conditions ordinaires en 1712. « Il est de la dernière conséquence, disent-ils, de conserver la navigation du Tenu pour le commerce des blés, vins et autres denrées qu'on conduit à Nantes et de toutes sortes de matériaux et marchandises qui viennent de lad. rivière de Nantes à celle du Tenu ». On usait des moyens de transport par eau parce qu'ils sont les moins dispendieux et aussi parce que les routes ont été très mal entretenues pendant la domination des seigneurs. Neuf paroisses jouissaient directement des abords de la rivière et des commodités de l'embarquement, mais bien d'autres franchissaient plusieurs lieues pour apporter leurs marchandises à Saint-Mesme, au Port-Fessant, au Port-Saint-Père et à Vue.

Malgré l'abandon dans lequel la Monarchie des derniers siècles laissa la rivière du Tenu, malgré l'obstruction de son embouchure, elle était encore très fréquentée au début du XIXe siècle. C'est ce que rapporte l'ingénieur Plantier dans les observations qui suivent.

« La petite rivière du Tenu, navigable depuis Saint-Mesme jusqu'à Nantes, offre aux habitants des communes de Bourgneuf, de Fresnay, de Machecoul, de Paulx, de la Marne, de

Saint-Mesme, etc., des moyens sûrs et faciles d'exporter l'excédent de leurs productions territoriales et de s'approvisionner de tout ce qui est propre à satisfaire les besoins de la vie. Chaque année, des bois de chauffage et de charpente, beaucoup de vins et d'eau-de-vie, une quantité prodigieuse de grains et de farines se chargent sur ses bords et se transportent à Nantes ; et c'est au port de Saint-Mesme, situé à une forte lieue de Machecoul, que se font tous les chargements. Machecoul, placée au milieu d'un pays fertile, est, pour ainsi dire, l'entrepôt des communes voisines (1). »

Bien que certains propriétaires, comme celui de Briord, qui avait un droit de pêche depuis Briord jusqu'au confluent du Tenu et du lac, eussent des droits d'usage dans l'Achenau (qui n'est autre que le Tenu prolongé), aucune revendication particulière du fond ne s'est produite dans le cours des siècles. Les Ducs de Bretagne en avaient pris possession par les moulins de Pilon qui tournaient à leur profit, de même que le roi Sigebert III avait mis la main sur le Haut-Tenu par l'établissement d'un bureau de tonlieu à Saint-Mesme. Il n'y eut pas la moindre protestation quand un arrêté des Consuls, du 1er floréal an XII, classa l'Achenau parmi les cours d'eau navigables et quand la loi du 9 juillet 1836 la comprit au nombre des affluents de la Loire soumis aux droits de navigation. Le décret de classement du 9 février 1867 consacre cette situation.

Il n'y eut de contestation que pour le canal de Buzay que la Société du canal croyait affranchi de tout impôt parce qu'elle le regardait comme sa propriété. L'ordonnance du 27 octobre 1837 établissait un droit de péage et le directeur des Contributions indirectes entendait le percevoir sur le parcours entier des eaux de l'Achenau jusqu'à la Loire. Aux raisons déduites par le Syndicat, l'Administration répondit par des refus et elle triompha lorsqu'elle put montrer que le canal de Buzay avait été élargi aux frais de l'Etat à la fin du

(1) Arch. dép., $\frac{S}{2}$ 347.

XIXe siècle. Par suite de cette participation, l'Etat devenait copropriétaire du canal et était fondé à revendiquer des droits de péage.

IV

La rivière de l'Ognon

« Peu de rivières, à vrai dire, offrent une apparence aussi pacifique. Pendant les trois quarts de l'année, le courant agite à peine les larges feuilles de nénuphar qui, des deux rives, s'avancent en miroitant jusqu'au milieu du Lognon, et ses eaux ne s'émeuvent que faiblement lorsque les tempêtes d'hiver repoussent, dans la large baie qui forme son embouchure, les vagues courtes et pesantes du lac. Une longue étendue de prés-marais où serpente languissamment l'onde paresseuse permet aux crues subites, fréquentes dans ce pays humide, de s'emparer du terrain à droite et à gauche, avant de monter à une grande hauteur au-dessus du pont, de sorte qu'il est rare que l'aspect doux, frais et calme du tableau tranquille subisse quelque altération (1). »

« Sans prétendre à de grandes beautés pittoresques, le paysage ne manque pourtant pas de charme lorsque les rayons du soleil couchant, glissant sur l'eau dorée par les chaudes couleurs du ciel, font briller les fleurs blanches et jaunes des nénuphars, les brunes quenouilles des roseaux, l'herbe des prairies et les bouquets de bois qui descendent jusqu'à la rivière (2). »

Je n'ai rien à ajouter à cette peinture poétique des impressions qu'on éprouve en rêvant sur les bords de cette rivière.

(1) Jules d'Herbauges, *Les pêcheurs de Grandlieu* (Revue de Bretagne et de Vendée, 1876, 1er sem., p. 389).

(2) L'Ognon est navigable sur une longueur de 5,100 mètres du bourg au lac. Il est appelé *ognum* en 1104. *Charte de Bourgdieu* (Arch. nat. K 18, n° 27).

V

La Boulogne

La Boulogne, avec son affluent la Logne, est une petite rivière qui met en communication le bourg de Saint-Philbert-de-Grandlieu avec le bassin du lac; elle est assez profonde pour recevoir les bateaux de chaux qui descendent de Chalonne dans la Basse-Loire. Au delà de Saint-Philbert, il est difficile de rencontrer des profondeurs régulières. La Logne, qui vient comme elle de la Vendée, n'est utilisable que pour faire tourner des moulins. Après leur réunion, ces deux rivières apportent dans le bassin du lac une grande quantité d'eau, surtout les jours d'orage, parce qu'elles traversent un pays accidenté. En sortant de Saint-Philbert, la Boulogne traverse des marais d'une longueur de 2 kilom, 400 mètres, qu'on nomme le *Marais Puant* et qu'on est parvenu à transformer en prairies, assez bonnes depuis plusieurs siècles, au profit des habitants de Saint-Philbert (1). La longueur du cours navigable est de 8 kilomètres.

Elle reçoit le ruisseau de la Gergue, près de Besson, et la rivière de l'Issoire, sur Saint-Colombin, plus, quelques ruisseaux.

VI

La Blanche

Le ruisseau de la Blanche, qui vient se jeter dans la Chenau en face de Cheix, sur la rive gauche, est aussi un affluent à compter. Il vient du domaine du Bois-Rouaud, sur Saint-Hilaire-de-Chaléons, traverse le territoire de Rouans et apporte à ce bassin, dans certaines saisons, un courant d'eau assez considérable.

(1) La propriété du marais fut concédée aux habitants du bourg à la charge de payer 50 sous de rente au Domaine ducal (*Réformation de 1678, Sentences*, Arch. dép., B).

CHAPITRE VIII

Efforts tentés pour éviter les inondations et évacuer les eaux nuisibles au XVe et au XVIe siècles

I

Ordonnances des ducs de Bretagne.
Les retraits de Pilon et les cotisations.

Le premier acte attestant que le pouvoir souverain a cherché les moyens de préserver les rives du lac et du Tenu des inondations désastreuses qui périodiquement ramenaient la consternation dans le pays, est la suppression des moulins que les ducs avaient établis sur une chaussée de la Chenau, en face du village de Pilon ou Pilan. Il est certain qu'il y avait là un obstacle sérieux à l'écoulement des eaux, car les meuniers du Duc, dans la crainte du chômage, faisaient des retenues surabondantes. Le duc Jean IV en fit le sacrifice, sans toutefois se résigner à perdre 125 livres de revenu. Il trouva une compensation en établissant une taxe de plus-value sur toutes les terres qui furent découvertes par l'évacuation et il donna à cette taxe le nom de *retraits de Pilon*, pour rappeler son origine [1].

Après la destruction desdits moulins, on avait abaissé la chaussée en permettant toutefois d'établir des pêcheries et des écluses qui soulevèrent de nouvelles plaintes dans toute la vallée. Le mandement du duc Jean V du 17 février 1409 est un ordre d'ouvrir de nouvelles voies dans la chaussée

(1) Le *Marais Puant*, à la porte de Saint-Philbert, est une concession peut-être aussi ancienne. En 1678, les habitants du bourg affirment que c'est une propriété immémoriale (Arch. départ., B 1888).

de Pilon [1]. Le remède n'était pas à la hauteur du mal. Les inondations recommencèrent et causèrent des dégâts tels qu'ils sont estimés plus de 1,000 livres. Les mécontents dénonçaient encore les pêcheries et les obstacles créés par les chaussées de Pilon, de Leroy et de Vue, et se voyant abandonnés par le Souverain, ils s'avisèrent d'eux-mêmes de creuser une douve ou fossé qui devait servir de déversoir direct dans la Loire en passant par Souché, la forêt de Nantes, les taillis de l'Eperonnière et l'étier de la Brevière.

Jean V ordonna au sénéchal de Nantes de se transporter dans les paroisses submergées, de juger quelles mesures seraient à prendre, et l'autorisa au besoin à répartir une taille sur les intéressés pour payer les frais [2]. Il est probable que les travaux exécutés en conséquence furent simplement des curages dans les endroits encombrés, car les documents conservent la trace de la persistance du fléau. On ne savait à qui s'en prendre du défaut d'organisation.

Les méfaits commis au préjudice de l'abbaye de Buzay, en 1456, ressemblent à une explosion de mécontentement causée par l'indifférence des religieux en matière d'inondation. Leurs domaines étaient protégés par la chaussée Leroy qui servait de route et de digue contre l'irruption subite de l'eau, et aussi par la chaussée de Baudois, vers la Loire. Il est à présumer qu'ils refusèrent d'ouvrir des passées pour servir de déversoir; celui de Vue étant insuffisant, ils soulevèrent des colères telles que la Noblesse du pays trama un complot des plus violents. Dans la nuit du 17 décembre 1456, 200 personnes armées comme pour une expédition de guerre firent irruption sur les chaussées et pratiquèrent des brèches si larges que l'eau, se ruant avec fracas sur les terres, causa 4,000 écus de dégâts [3]. Un procès s'ensuivit et se termina par une condamnation de payer une forte indemnité aux religieux.

(1) Arch. dép., H 50.
(2) *Mandement de mai 1438* (Arch. mun. de Nantes, JJ).
(3) Arch. dép., H 50.

L'Achenau au-dessous du Pont de Buzon (l'Hiver)

Les mandements des Ducs relatifs au lac se renouvellent à des dates rapprochées dans le cours du XVe siècle; il y a un acte du duc Pierre II du 17 août 1457 et deux autres du duc François II du 4 juillet 1459 (1) dont l'objet est toujours le même, sans doute, nécessité d'imposer des cotisations et de rédiger des rôles de répartition. Toutes ces instances demeuraient vaines parce que l'autorité ducale manquait d'agents dans les campagnes pour faire exécuter ses ordres, et aussi parce que le budget du duché ne contenait pas d'article pour les dépenses de travaux publics. Le 13 et le 14 juillet eut lieu la réunion du Conseil ducal, dit l'abbé Travers; on résolut « l'évacuation du lac de Grandlieu, la » destruction des écluses et le desséchement par contribution » sur les paroisses adjacentes. L'alloué de Nantes dressa les » rôles de ce que chaque paroisse devait payer (2) ».

II

Ordonnances des rois du XVIe siècle
Enquêtes — Suppression des moulins de Vue
Les ingénieurs de Foix et Craponne

François Ier ne resta pas sourd aux réclamations qui se produisaient périodiquement; son mandement du 22 avril 1533 annonce l'intention de rechercher les vraies causes du mal pour les combattre. Chacun veut pêcher et manger du poisson, coûte que coûte. Voilà le plus grand obstacle à l'écoulement de l'eau. Ensuite, il est visible que la vallée de la Chenau est barrée par trop de chaussées. Dans sa tournée, le sénéchal délégué par le Roi constate que cette fameuse chaussée de Pilon, qu'on a pourtant tronquée plusieurs fois, ressemble encore à une muraille qui sort de

(1) Ces documents sont cités dans le procès-verbal du sénéchal Brecel, de 1533 (Arch. de la Soc. du Canal de Buzay, registre in-f°).

(2) *Histoire de la ville et du comté de Nantes*, t. II, p. 77.

l'eau de la hauteur de huit pieds, dans laquelle on a percé trois passées. Les dépositions recueillies le long de la rivière sont à lire dans leur texte original.

Mandement du sénéchal de Nantes prescrivant une enquête sur les moyens d'abaisser les eaux du lac de Grandlieu et des rivières voisines.

« Christophe Brecel, conseiller du Roi, ... sénéchal de Nantes, certifions que, par mandement du Roy donné à Fontainebleau le 22e d'avril 1533...... nous présenté par Me G..., son procureur en lad. sénéchaussée, ... et la requête de lui signée et présentée audit sieur pour l'entérinement de mandement de feu princes de bonne mémoire Pierre et François, ducs de Bretagne, l'un daté du 17e août 1457, signé par le Duc en son Conseil...... et deux autres datés le 4e jour de juillet 1459, signés François .... attachés ensemble avec le mandement du Roy, sous le contrescel de sa Chancellerie (1) »;

« Avons fait commandement le tiers jour de fevrier 1533 aux sergents dud siège et chacuns, de sommer tous et chacuns les habitans et ayans biens ès environs du lac de Grandlieu, rivières y entrantes et en yssantes, comparoir devant Nous ou autres délégués dud lieu en l'auditoire de Nantes, au jeudy après la My-Caresme prochaine et suivante, pour dire et déclarer s'ils veulent consentir ou débattre que les écouls des d. eaux soient faites, et que les contribuent suivant la cotisation qui sera faite pour recouvrer argent de quoy faire mises pour lesd écours, faire vuidange d'eaux. »

« Et pendant led temps, nous suismes trouvés et le procureur de Nantes en nostre compagnie en la maison publique dudit Nantes où il y avoit congrégation et assemblée en manière accoutumée des nobles bourgeois manans et habitans de la dite ville faite par devant missire Louis du Bois-Chevalier, sieur des Apentils, capitaine de Nantes, sous la

(1) *Recueil de titres* (Archives de la Société du Canal de Buzay).

charge de M. le Grand Maître de France et les officiers du Roi et de la d. ville, auxquels nous avons fait remontrance et fait faire lecture du contenu ès mandements et requestes sudits. Et les avons interrogés s'il seroit profitable et utille pour le bien du Roy, de la ville et celui du territoire du comté de Nantes et autres lieux circonvoisins, que l'évacuation des eaux dudit lac de Grandlieu et rivières entrantes et descendant en iceluy, fut faite tellemant que les eaux ne couvrissent [1], comme elles font, les terres circonvoisines. »

« Lesquels nous ont dit et unaniment répondu, après en avoir conféré entre eux, que ce seroit le bien et proffit de la ville et comté de Nantes, parce que l'on pourroit faire de grandes prairies ès lieux où il y a marais et que par les d. eaux, si elles estoient navigables, l'on pourroit amener à la ville dud Nantes et ailleurs, bois des forêts qui sont au quartier de Raitz et tout ce que l'on pourroit trouver aud quartier qui est des plus fertiles du Comté de Nantes. »

« Et audit jour jeudy après la my Caresme, 19ᵉ de mars, a le d. procureur de Nantes, pardevant nous, [donné] délivrance en l'auditoire du Bouffay de Nantes, [à] tous et chacuns les manans et habitans des paroisses circonvoisines du lac de Grandlieu et rivières y entrantes et yssantes. Auquel appel se sont comparus : noble et pᵗ Jacques du Croisil, baron de Retz, sgr de Machecoul, de Sᵗ Mars et d'Ardenne, messire Gilles Gouy, chevalier, seigneur du Branday, G. de Lépinay, écuyer, sgr de Monceaux, B. du Pont [2], écuyer, sieur de la Moricière, Jehan [Rocherel], écuyer, sieur de la Frudière, André Gallery, écuyer, sieur du Bois-Jouault, M. Hervé, écuyer, sieur du Bois, Guillaume de Bussi, Ollivié Guiarel, sieur de la Guarmandie, don Jehan Fournié, vicaire de Sᵗ Mars, les sieurs de la Masure, de la Hallonnière, M. Girondineau, marchand de la paroisse de Saint-Aignan, Ollivier Le Tonnelier, sieur du Goullet, Julien Bertho, procureur des paroissiens de Sᵗ Lumine; lesquels, après avoir oui lecture des d. mandements, ont dit que pour le profit et

(1) Il y a *cognoissent* par erreur.
(2) Du Pouez. La copie est très défectueuse.

bien de la chose publique et des lieux circonvoisins du lac de Grandlieu et des rivières y entrantes et yssantes, lesdits mandements doivent avoir enthérinement et être mis à execution, et ont consenti, autant que d'eux est, que ils soient entherinés et qu'ils contribueront ès mises. »

« Et nous ont requis et mesme le procureur de Nantes que eussions à nous transporter sur les lieux pour en faire veue. Sur quoy avons ordonné que, au mercredy après Pasques, nous transporterons sur les endroits où les d. eaux descendent du lac de Grandlieu en la rivière de Loire pour faire veue desd lieux et continuer de jour en autre à ce faire et les choses requises jusqu'à enthier accomplissement de ce que nous est mandé par le d. sieur. »

« Et avons assigné aux d. comparans et à tous autres à qui ce faire peut toucher, de y comparoir, si ils y voient l'avoir à faire, pour nous faire telles remontrances que bon leur semblera (1). »

Suit la citation des convocations adressées aux habitants de toutes les communes.

Le procureur de Loyaux ayant remontré qu'il avait à réclamer pour la rente de 100 livres due pour les *retraits de Pilon*, les débiteurs s'élèvent partout contre cet impôt qui ne sert à rien et n'empêche pas les inondations.

En 1534, 8 avril, s'ouvre le procès-verbal d'enquête où le sénéchal constate que l'étier de Buzay, près de l'Abbaye, a 15 pieds de large et se complète par les étiers de la Grande-Claye et de Baudaye. A son approche, les meuniers de Vue s'empressent de faire couler l'eau, de peur d'être blâmés. Le parcours des eaux par les terres de Buzay est recommandé comme plus rapide que par le bourg de Vue.

Au Port-Saint-Père les obstacles ne manquent pas; ils se composent de 80 écluses ou pêcheries faites avec des réseaux de bois entrelacés. De plus, le passage de la rivière se fait

(1) Les bateliers qui accompagnèrent le sénéchal reçurent de la Ville 66 sous 8 deniers, tant l'affaire intéressait les Nantais. *Compte du Miseur de 1532* (Arch. mun. CC 112).

comme à Pilon, sur une chaussée de pierre dont les passées se franchissent sur des ponts de bois, mais l'eau s'écoule à peine par suite des pêcheries établies dans les passées. Du Port-Saint-Père au lac, 25 écluses ferment toute la largeur du chenal.

Plaintes à Saint-Mars contre l'inondation, murs renversés, jardins, maisons submergés dans les villages de l'Eveterie, de la Gabardière, de la Charie, d'Ozinnes et jusque dans le bourg. A Saint-Lumine-de-Coutais, on réclame l'enlèvement des bresses, mottes et écluses qui bouchent le passage du Port-Saint-Père. Refus de payer la rente des retraits de Pilon.

A Saint-Philbert, l'eau a monté si haut que l'église a été inondée sans qu'on puisse célébrer la messe.

Les habitants de la Chevrolière répètent ces plaintes : le lac, qui était autrefois à la distance d'un jet de boule, envahit Passay où il a renversé 7 à 8 maisons, passe par-dessus la maison de la Touche et pénètre dans celle de l'Arsangle. Ces dommages sont fréquents depuis 30 ans.

Au Pont-Saint-Martin, plus de 300 personnes viennent crier famine devant le commissaire enquêteur, parce que les terres à blé sont couvertes, les jardins et les prés sans récolte, et que, depuis 7 ans, ces calamités se renouvellent sans cesse.

A Saint-Aignan, l'eau est souvent dans l'église jusqu'au maître-autel.

Telle est la situation des environs du lac dans la première moitié du XVIe siècle.

Pour conclure, le sénéchal réunit autour de lui quelques personnes expérimentées et connaissant bien le pays, qui proposèrent les mesures suivantes :

1° Nettoyer les abords des moulins de Vue et le chenal qui est encombré de mottes ;

2° Relever le tablier du pont pour laisser librement passer des bateaux portant 40 pipes de vin ;

3° Creuser à la profondeur de 5 ou 6 pieds les passées du pont de Pilon ;

4° Elargir les passées des chaussées de Messant, de Leroy et de Baudoye ;

5° Elargir aussi l'étier de Baudoye pour les bateaux portant 20 pipes et le fermer avec des portes mobiles.

Nous ne savons pas dans quelles proportions ces travaux furent exécutés.

Le roi Charles IX se montra très dévoué aux intérêts des riverains du lac; il choisit un ingénieur expérimenté, Louis de Foix (1), et le chargea de recueillir les observations, favorables ou non, qui seraient présentées sur les mesures à adopter. Nous avons le serment qu'il prêta le 7 mai 1572, lorsqu'il accepta la mission de visiter le bassin du lac (2). Le 2 avril et le 31 mai 1573, le Roi ordonna aux conseillers du Parlement et de la Chambre des Comptes d'enregistrer ses lettres patentes du 1er août 1572 prescrivant une enquête sur la même question. En homologuant le mandement royal, le Parlement stipula que les commissaires déposeraient leurs procès-verbaux au greffe de la Cour. Tous ces efforts ne furent pas perdus. Le résultat le plus sensible fut la suppression des moulins de Vue que le seigneur Alb. de Gondy voulut bien accepter dans l'intérêt général (3), moyennant une indemnité de 2,000 écus qui lui fut versée. La même offre avait été faite sans succès à Claude d'Annehaud (4).

Les sommes dépensées étaient réparties sur les intéressés au moyen de rôles dressés par le lieutenant de la sénéchaussée de Nantes qui agissait sous le contrôle du Parlement. Chaque trimestre, il envoyait l'état du produit des sommes perçues et baillait en adjudication les travaux à faire (5).

L'ingénieur L. de Foix avait été remplacé par l'ingénieur Craponne, connu par l'exécution du canal de la Durance, qui prépara un projet de dessèchement très sérieux pour la

(1) Voir lettres patentes d'octobre 1579.
(2) Ces pièces sont conservées aux Archives mun. de Nantes.
(3) *Arrêt de la Chambre des Comptes*, 25 mai 1574.
(4) Arch. dép., E 521.
(5) Voir les arrêts du 28 avril et du 15 octobre 1573 (Arch. mun. de Nantes).

Chenau avec un devis de la dépense qu'on a conservé. Ce document est à publier, tout au moins en analyse, pour montrer comment les travaux publics étaient conduits au XVIe siècle. Il fut rédigé à Nantes le 9 octobre 1575.

Le programme consistait à débarrasser le pays de l'inondation, tout en ménageant la profondeur d'eau nécessaire à la navigation. De l'avis de Craponne, il n'y a rien à faire, s'il ne trouve pas un moyen d'activer le cours de l'eau. Le canal de Vue peut être utile en temps ordinaire, mais en temps d'inondation, il est insuffisant. Dix-huit mois lui sont nécessaires pour établir une bonne navigation ferme et durable à l'usage des gabarres et barques plates.

Il propose de nettoyer le canal de Vue à la Loire et de le creuser avec une somme de 4,000 livres, puis d'établir, à mi-parcours, une porte pour retenir l'eau pendant les époques de *mort d'eau*, prix 300 livres.

A Vue, à Pilon et à Port-Saint-Père, il y a lieu de placer trois ponts-levis pour le passage des bateaux.

En coupant les pieux des pêcheries, on aura soin de ménager partout un passage d'au moins 24 pieds. La chaussée de Vue est à terminer. Elle sera traversée au moyen d'une porte de 14 pieds facile à ouvrir et à fermer. La dépense sera de 6,000 livres, y compris l'élargissement du chenal jusqu'au lac.

L'étier de Baudoye, que les Anciens ont creusé au-dessous de Buzay, pourra servir aussi à l'évacuation en lui donnant 4 toises de largeur et 3 pieds de profondeur, et on ajoutera 2 portes de 2 toises à une chaussée qui traverse le fossé ; dépense : 8,000 livres.

Dans le cas où ces canaux d'évacuation ne suffiraient pas, on peut aussi recourir à un *vieil étier* que les Anciens ont creusé du côté de Machecoul. On lui donnerait 9 pieds de largeur jusqu'à la mer sans nuire aux salines, dit-il, parce que l'été, on a toujours le moyen d'envoyer l'eau du lac du côté de Vue. Dépense : 4,000 livres (1).

(1) Ce rapport conservé jadis aux archives de Machecoul fut copié en 1766 dans le *Recueil des Actes de la Société du Canal de Buzay*.

Enfin, Craponne pense aux outils à employer et prévoit une dépense de 300 livres pour acheter des tranches, des pics et des pioches, attendu que les ouvriers qu'on embauche ordinairement sont mal outillés (1).

Le roi Henri III voulut aussi attacher son nom à la continuation des travaux commencés par ses prédécesseurs. Ses lettres patentes de 1579 ordonnent de convoquer les intéressés au bourg de Port-Saint-Père, de les inviter ensuite à nommer un receveur répartiteur des frais à supporter ; il recommande aux commissaires d'apprécier avec équité les dommages causés aux riverains, afin de les indemniser (2). Nous connaissons les noms de ceux qui surveillèrent les opérations; ce sont : Jean Morin de la Marchanderie, président aux Comptes; P. Cornulier de la Touche, trésorier de France, et Cl. Brossard, lieutenant au Présidial de Nantes (3).

(1) Il paraît qu'on employait au XVIe siècle beaucoup de gens du pays de Lamballe, appelés *Lamballais* pour ce motif.

(2) Archives mun. de Nantes.

(3) *Inventaire de titres* (Arch. dép., E 521).

CHAPITRE IX

Les premiers dessécheurs de marais
Excavation des hauts-fonds
Ouverture du canal de Buzay
Création d'écluses

(1690-1789)

I

Exemple donné par les religieux de Buzay au XVIIe siècle

Le Moyen-Age a vécu indifférent aux questions de prévoyance ; il n'a pas, notamment, cherché les moyens d'accroître la surface des terrains productifs. Ce souci se manifesta plutôt dans les années de calme qui ont suivi les guerres de religion. Nous ne possédons pas de documents sur les améliorations qui ont pu se réaliser dans le cours du XVIIe siècle sur les rives du Tenu et de l'Achenau; nous avons plus d'une raison de croire qu'on a fait peu de chose. Les rois Henri IV et Louis XIII, pourtant, se sont intéressés aux progrès de l'agriculture et ont stimulé les entreprises de desséchement, témoins leurs ordonnances de 1599, de 1639 et de 1641.

Demeurés longtemps inactifs dans la culture des terres, les religieux de Buzay finirent par comprendre que leurs revenus ne correspondaient pas à la superficie de leurs domaines. En 1691, qui fut, cependant, une année sèche, leurs marais étaient restés couverts d'eau ; les plus hauts s'affermaient de 20 à 30 sous, d'autres 60 sous, d'autres 4 livres par journal. Il est probable que l'état primitif était bien supérieur . Quand les Cisterciens vinrent s'installer à Buzay, au XIIe siècle, pour fonder un établissement durable, ils n'auraient pas accepté des terrains aussi marécageux s'ils n'avaient pas entrevu la possibilité de les assécher convenablement pour l'élevage des chevaux et du bétail.

L'abbé Lefèvre de Caumartin, voulant mettre un terme à une apathie si préjudiciable, fit venir un entrepreneur nommé Macquart, avec lequel il traita aux conditions ordinaires. L'abbé lui cédait la moitié des marais qu'il dessécherait, plus un préciput de 300 arpents sur la totalité (1).

Les travaux étaient à peine commencés que déjà les aspirants au rôle de fermier général de l'abbaye offraient une majoration de prix de 3,000 livres. Encouragé par ces pronostics, M. de Caumartin fit dresser de suite un procès-verbal d'état de lieux en présence du procureur du Roi, relevant les ponts, les vieilles digues, les levées neuves de Macquart, les fossés et les ceintures des prés. Les opérateurs firent le tour des marais pleins de mottes et de roseaux et déclarèrent que le desséchement aurait lieu dans les limites déterminées par les chaussées.

On constata qu'après avoir été longtemps arrosées régulièrement, les prairies de Buzay, faute de soins assidus, étaient devenues presque stériles. Il était temps de changer de conduite à l'abbaye. Désormais, elles exciteront l'envie des propriétaires voisins et seront cotées parmi les meilleures du comté nantais. Les religieux vont nous dire eux-mêmes comment ils sont arrivés à ce résultat.

Leur système de desséchement consistait dans une combinaison de digues, de canaux et d'écluses qui devait être inspirée par la vue de ce que font les paludiers pour les marais salants. Après avoir évacué le trop-plein des eaux pluviales, ils s'efforçaient de faire des retenues pour les irrigations, et, en temps de sécheresse, ils ouvraient des passées pour l'introduction des marées. Après avoir établi une forte digue sur le périmètre de leurs pâturages, sur une largeur de 32 pieds, ils élevèrent d'autres digues moindres dont le développement dépassait deux lieues de longueur. Dans ce chiffre est comprise la chaussée Leray, que les religieux considéraient comme une dépendance de leur propriété

(1) Les lettres d'autorisation sont du 21 août 1690 et du 30 mars 1691 (Arch. dép., B, Présidial. Rapports et enquêtes 1691).

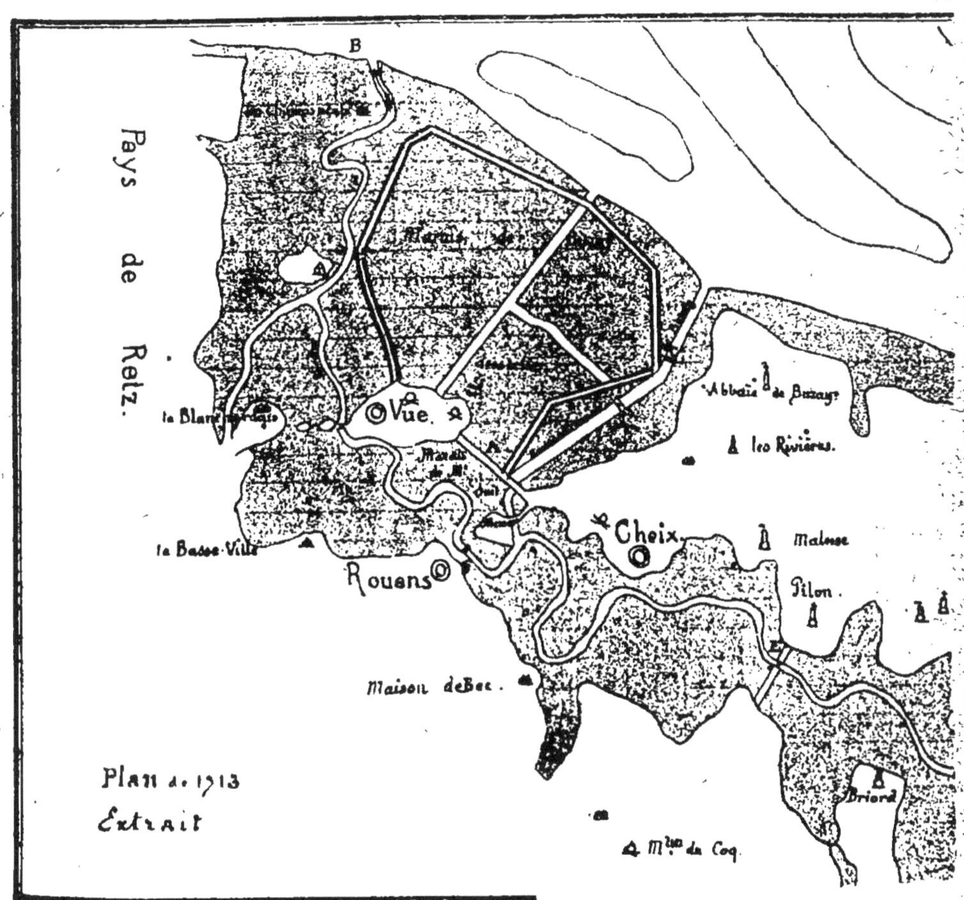
B
Pays de Retz.
Vue.
Rouens
Cheix.
la Basse-Ville
Maison deBec.
Abbaïe de Buzay
les Rivières.
Pilon.
Briord
Plan de 1713
Extrait

et dont ils avaient l'entretien avec toutes ses charges, avant l'établissement du grand chemin de Nantes à Paimbœuf. (1).

Le fait est si vrai qu'ils sont accusés par un dessécheur de 1772 d'avoir transformé complètement cette chaussée suivant leur goût, sans doute au temps de l'abbé de Caumartin. « Il existait, dit-il, dans l'ancienne chaussée Leray *six voies d'écoulement* qu'on ne peut supposer moindres de six pieds de largeur chacune, et qui, par conséquent, déblayaient 36 pieds noieaux jusqu'à la Loire, à travers les marais de Buzay. En reconstruisant la chaussée, ils bouchèrent nos six voies d'écoulement, ils regardèrent cette suppression comme un moyen sûr de les améliorer. C'est là l'origine de tous nos malheurs. Nos marais, dès ce moment, furent noyés et l'ont toujours été depuis, jusqu'à l'ouverture du canal neuf de Buzay, que cette suppression nous força de construire en achetant du terrain sur le domaine de l'abbaye (2). »

Cette accusation et ces détails sur la construction de la chaussée Leray nous font mieux comprendre les colères qui éclatèrent au XVe siècle contre l'abbaye. Celle-ci exerçait une grande influence sur l'évacuation des eaux quand elle fermait les six voies en question avec ses vannes.

Je reviens au système des digues pour ajouter que les religieux avaient pris toutes leurs précautions en cas de désastre. Si la chaussée Leray était venue à manquer, les terrains seraient retombés dans le premier chaos. Pour opérer le plus parfait dessèchement, ils avaient établi une seconde digue de 1,453 toises destinée à garantir les prairies en cas d'avaries causées à la chaussée par l'inondation.

L'agencement des douves ou fossés était très ingénieux : les unes sont des douves de ceinture et contre-ceinture, les autres des douves de séparation des prés de chaque tenue. Les premières bordent de chaque côté toutes les digues, chaussées et chemins appelés *charreaux*, elles formaient une

(1) La route fut refaite au XVIIIe siècle.

(2) *Mémoire de 1772 de M. de la Goubarderie* (Archives du Syndicat de Buzay).

longueur de 21,345 toises. On les fauchait deux fois par an. Quant au curage, il avait lieu tous les 3 ans (1).

Ce régime, courant au XVIIIe siècle, n'a guère été modifié dans les temps modernes.

II

Entreprise du canal de Buzay, au XVIIe siècle, par des particuliers

Il n'est pas douteux que le résultat obtenu par les religieux n'ait déterminé des résolutions pareilles autour d'eux. Il y avait alors beaucoup de terrains improductifs par suite de l'inondation dans tout le bassin du Tenu et du lac, et bien des propriétaires hésitants. L'année 1712 marque l'ouverture d'une période d'activité qui devint féconde.

A cette date, des particuliers témoins de l'impuissance de l'Etat, je veux dire du pouvoir royal, prennent en mains l'affaire du desséchement et, animés par l'espoir du succès, se déterminent à courir tous les risques de l'entreprise. Ce sont MM. Jean Binet de la Blottière, seigneur de Jasson et de Malnoë, et Jean-Baptiste du Pé de Liancé (2). Leur mérite est d'avoir entrevu que la solution du problème était dans l'abandon du vieux chenal obstrué par les marais de Vue, et dans la création d'une nouvelle voie de communication avec la Loire, plus directe et plus courte que l'ancienne.

Leur premier acte, daté de 1712, fut de traiter avec les religieux de Buzay et d'obtenir d'eux la facilité de creuser un large canal sur le flanc Est de leurs prairies. Aussitôt, une enquête *de commodo et incommodo*, instruite par le sénéchal de Nantes, dans chacune des paroisses riveraines

(1) *Déclarations du Clergé*, en 1790, f° 36 (Arch. dép., Q 40).

(2) M. du Pé était seigneur du Bec en Rouans. Les Bourigan du Pé étaient propriétaires d'Orvault (Arch. dép., E 680 et 470). Marie Leborgne, veuve d'Eugène du Pé, en 1712, représentait son fils.

du lac et de ses affluents, fournit l'occasion de constater que la grande majorité demandait le desséchement et offrait d'y participer par des cotisations.

Le procès-verbal une fois terminé, le procureur du Roi formula son avis, qui peut se résumer ainsi :

Le desséchement proposé est infaillible au moyen du canal à creuser sur les terres de Buzay; il ne sera pas préjudiciable à la navigation si on détruit les écluses et les pêcheries, comme on l'a fait en 1572; si on excave les hauts-fonds, et si on a la précaution de fermer la porte à coulisse qui clora le nouveau canal. Par ce moyen, on abaissera le plan d'eau de deux pieds et demi sans inconvénient. Pour le cas où la disette d'eau se ferait sentir pendant les années sèches, on doit compter sur les marées qui pénétreront facilement dans la vallée par un canal direct et long d'une demi-lieue, et remonteront jusque dans le lac.

L'opposition de M. de Crux contre l'excavation de la Grève n'est pas recevable, attendu qu'elle n'est pas sur son terrain. C'est un travail qui s'impose. C'est une obstruction naturelle comme il s'en produit au confluent de toutes les rivières et à laquelle il faut remédier sous peine de perdre la navigation.

La pêche n'en souffrira pas davantage dans un bassin rétréci que dans un lac sujet à des débordements, car le poisson peut être emporté dans des recoins inaccessibles.

Quant au refus des habitants de Saint-Lumine et de Saint-Mars de participer aux frais de l'entreprise, il est inadmissible, attendu que les dessécheurs travaillent dans l'intérêt public et sont fondés à réclamer le tiers des terrains desséchés en compensation de leurs avances, ou le paiement d'une contribution. La seule concession qu'on puisse faire aux réclamants, c'est de creuser sur le fonds commun une douve assez large pour faire évacuer les eaux qui séjournent du côté des terres parce que, sur le côté opposé au lac, le marais est plus bas. Cette douve serait tracée de façon à former deux lots, l'un comprenant un tiers du marais pour la commune de Saint-Mars, et l'autre les deux tiers pour la

La Chaussée Le Ray et Vue

Le Canal de Buzay, Rouans

commune de Saint-Lumine; cette douve servirait de limites et serait entretenue ensuite à frais communs par chacune des deux paroisses [1].

On estimait alors à 25,000 le nombre de journaux à dessécher. Comme la taxe par journal était fixée à 50 sols, on comptait sur un produit de 52,500 livres.

L'intendant de Bretagne ayant envoyé à Paris toutes les pièces du projet, sans oublier le devis du sieur de la Roulais, ingénieur au département de la Marine à Rochefort (1711), et le plan dressé par l'ingénieur Roussel, le Conseil d'Etat donna son approbation à la requête des dessécheurs, le 14 février 1713. Son ordonnance porte que les pêcheries nuisibles seront supprimées, que les excavations prévues seront pratiquées, que trois écluses seront établies pour écouler les eaux ou les retenir, suivant les besoins; qu'une imposition de 50,000 livres sera répartie sur les propriétaires des marais par les soins de l'Intendant, et qu'il leur sera loisible d'opter entre la cotisation ou la cession du tiers des terrains desséchés. Chaque paroisse aura le droit de nommer un député pour assister aux assemblées générales, et ces députés désigneront des directeurs chargés de surveiller les travaux. Les dessécheurs [2] seront garants de la navigation depuis le lac jusqu'à la Loire, en passant par les arches de Vue, à la profondeur constatée en 1712, envers les propriétaires qui abandonneront le tiers de leur marais; mais dans le cas où ceux-ci préféreraient payer une contribution, la garantie demeurera sur eux conjointement avec les promoteurs de l'entreprise à proportion qu'ils profiteront du dessèchement. Telles sont les principales dispositions de ce fameux arrêt de 1713 qui fut le véritable statut de la première *Société du Canal de Buzay*, et qui servit de règle dans toutes les discussions soulevées aux XVIIIe et XIXe siècles [3].

(1) Le partage des lots de marais entre les paroisses et les dessécheurs eut lieu le 31 janvier 1715 (Etude de Coutanceau, notaire à Nantes).

(2) C'est-à-dire les sieurs de la Blottière et du Pé de Liancé et consorts.

(3) On lui a donné le nom de *Société du Canal de Buzay* parce que les rivages du lac sont desséchés au moyen de ce canal. Les prairies de Buzay n'en usent pas.

Même après avoir pris toutes les précautions que commandait la prudence, les intéressés au desséchement étaient encore très hésitants au mois de mai 1713. Ils se réunirent à l'Abbaye (1) et convoquèrent M. de la Roulaie, leur ingénieur, pour entendre de nouvelles explications sur les frais de l'entreprise. Celui-ci, après avoir examiné de nouveau le bassin et ses affluents, s'empressa de les rassurer et affirma qu'il croyait au succès et à la facilité des moyens à employer. L'ouverture du canal s'impose, dit-il, parce que, même dans une année sèche, les eaux demeurent hautes faute d'écoulement. Il n'y a rien à craindre pour la navigation, les portes qu'on établira donneront le moyen de retirer l'eau qui est sur les terres ou dans le bassin; les mêmes coulisses et vantaux des écluses fourniront le moyen, en les levant, dans les temps du flot, de faire entrer toute l'eau dont on aura besoin dans la Chenau; avec les barrages de Vue et de Messan, on retiendra les eaux à la hauteur qu'on voudra. Pour les bateliers, le canal abrégera le parcours de 2 lieues.

III

Travaux exécutés par les ingénieurs Abeille, Magin, Chocat de Grandmaison Ouverture du canal de Buzay à la navigation

Ces dernières informations une fois recueillies, les promoteurs de l'entreprise commencèrent les travaux; mais on s'aperçut bien vite qu'ils manquaient d'expérience pour les diriger. Avec ses 18 pieds de largeur, le nouveau canal n'offrait qu'un débouché insuffisant; de plus, le nivellement de l'excavation était si imparfait, que la pente se trouvait

(1) C'est de là qu'est venue cette fausse opinion répandue dans le public que le desséchement de la vallée du Tenu est l'œuvre des religieux. Jusqu'en 1790, les réunions ont eu lieu à Buzay.

au rebours de ce qu'on voulait faire. L'inclinaison du plafond était du Nord au Sud, c'est-à-dire de la Loire vers les marais, tandis qu'elle devait être du Sud vers le Nord. On ne pouvait plus mal débuter.

On s'empressa de réparer l'erreur et de dresser les rôles qui devaient servir aux collecteurs des cotisations.

Le nivellement et l'arpentage qui ont eu lieu ont fait connaître que 6,563 journaux devaient profiter de l'ouverture du canal de Buzay. Le desséchement de ces marais intéressait 16 communes dans les proportions suivantes (1) :

Les marais communs de Grandlieu, situés dans les communes de Saint-Lumine et de Saint-Mars, à la charge des héritiers Jasson, etc.	1.696jx	43	cordes.
Rouans	887	4	1/4
Saint-Hilaire-de-Chaléons	168	70	
Port-Saint-Père	778	8	7/8
Sainte-Pazanne	173	65	
Saint-Mesme	117	64	3/8
Saint-Mars	423		
Saint-Philbert	741	75	
La Chevrolière	377	19	
Pont-Saint-Martin	180	14	
Saint-Aignan	21	40	
Bouaye	52	75	
Saint-Léger	133	3	
Brains	279	55	
Cheix	304	56	7/8
Vue (2)	226	70	7/8
	(3) 6,563jx	22	cordes.

La première moitié du XVIIe siècle s'écoula sans incident remarquable : l'arpentage et le mesurage des terres qui

(1) L'ordonnance de l'Intendant qui établit les bases de la répartition est du 29 mai 1767.

(2) Les terrains de Vue contribuables étaient en deçà du pont vers Rouans.

(3) On compte deux journaux par hectare.

devaient être taxées, la répartition de la contribution à raison de 4 livres par journal, le règlement des indemnités, toutes ces opérations furent accomplies sans autres difficultés que quelques réclamations produites par les paroisses de Port-Saint-Père et de Saint-Mars, et par quelques particuliers. L'année 1738 est marquée par un recensement des travaux exécutés.

Les résultats constatés alors ne furent pas satisfaisants. Les écluses de Vue et de Messan, destinées à soutenir la réserve des eaux, n'étaient pas en place, et les portes de l'écluse de Buzay s'étant rompues, l'état des marais était déplorable. De plus, les voûtes des ponts avaient été posées trop bas, sans prévoir qu'un jour le même canal de dessèchement pourrait être utilisé pour la navigation. On avait aussi négligé d'excaver le lit du canal à la profondeur des devis; on avait laissé, çà et là, des hauts-fonds et des points d'étranglement qui empêchaient d'obtenir tout l'effet attendu.

Ce fut une période de tâtonnements malheureuse, surtout pour les propriétaires de prairies; ils représentaient, en 1752, que, depuis 10 ans, la récolte avait été à peu près nulle et, cependant, les frais de l'entreprise avaient déjà atteint la somme de 120,000 livres. Les devis qui furent dressés alors en vue de l'achèvement montent à 44,000 livres, chiffre énorme que les contribuables épuisés refusaient de supporter si les Etats ne venaient à leur aide. On leur adressa une demande de subvention de 12,000 livres qui fut bien accueillie, puisque dans la session de 1752 une première allocation de 4,000 livres fut votée et que, dans la session de 1754, une autre somme de 6,000 livres fut accordée sur les fonds de la province [1]. Il était temps que cette manifestation de sympathie se produisît, car déjà le bruit courait à Paris que les dessécheurs, faute de ressources, abandonnaient l'entreprise. L'apparition de Mansard dans l'affaire n'a pas d'autre motif que ce faux bruit.

(1) *Délibérations des Etats*, 1752, f° 230; 1754, f°s 53 et 110.

Il y avait un autre moyen de battre monnaie et de réduire la détresse du caissier, c'était d'établir un péage. On proposa aux bureaux de la subdélégation un tarif de perception d'après lequel un bateau du port de 4 tonneaux et au-dessous était taxé à 15 sous, un grand bateau ou chaland à 25 sous. On avait pour motif plausible que les travaux complémentaires du canal n'avaient d'autre but que de le rendre utile aux bateliers. Le commerce de Nantes ne voulut rien entendre et se récria en disant que tous les péages étaient des entraves qu'il fallait proscrire (1).

La discussion qui s'ensuivit était grosse de conséquences, car le rejet du péage pouvait décourager les dessécheurs et les empêcher de recueillir les cotisations dont ils avaient besoin. Néanmoins les adversaires du tarif triomphèrent par cette raison que le contrat d'engagement de 1712 obligeait les dessécheurs à maintenir la navigation sans qu'on eût stipulé la moindre compensation pour eux. Un canal à double fin, c'est-à-dire propre à écouler les eaux d'inondation et à porter les bateaux, s'imposait donc comme une nécessité.

La reprise des travaux, en 1756, fut conçue ainsi et dirigée vers ce double but, en suivant un programme mieux étudié que les précédents. Un nouvel ingénieur, le sieur Abeille, dressa des plans et des devis pour le perfectionnement des ouvrages; deux autres ingénieurs, Magin, ingénieur de la Marine, et Chocat de Grandmaison, ingénieur en chef des Ponts et Chaussées de Bretagne, furent chargés de la construction d'une écluse avec portes à clapets sur le nouveau canal près de l'Abbaye, d'un pont de bois neuf et de la réfection des voûtes trop basses qui gênaient la circulation.

Les religieux de Buzay ne furent pas sans inquiétude pour la tranquillité de leur communauté lorsqu'ils apprirent que bientôt des bateaux chargés de marchandises traverseraient leurs domaines; leur premier mouvement fut la résistance,

(1) Archives de la Chambre de Commerce, C 799.

ils se récrièrent bien haut, puis finirent par céder en voyant que le canal neuf était la seule voie praticable pour le commerce. Les ordonnances de l'Intendant de Bretagne qui ouvrent le canal de Buzay à la navigation sont du 11 juillet 1772 et du 21 octobre 1775.

Les protestations s'élevèrent plus vives et plus persistantes du côté de la paroisse de Vue où les habitants, depuis de longs siècles, avaient l'habitude de voir les bateliers sur leur cale, et de vivre de leur passage. Ils ne voulaient pas comprendre que le parcours du Tenu de leur côté était hérissé d'obstacles et impossible à redresser sans frais énormes. Leur force était dans l'engagement imprudent que les dessécheurs avaient pris, au début, de conserver la navigation sur leur territoire, et ils se cramponnaient à cet argument sans voir que l'opinion publique leur donnait tort.

Les Directeurs chargés de la gestion des intérêts des dessécheurs prenaient leur rôle au sérieux et discutaient avec les ingénieurs les questions qui touchaient à la profondeur du chenal, aux radiers, à la hauteur des ponts, à la largeur des passes. Celui qui montra le plus de zèle dans ses fonctions est M. Charette de Briord, dont les dissertations se retrouvent dans tous les dossiers.

En 1768, les séances des associés étaient parfois orageuses, les délibérations mouvementées; on se séparait souvent sans être d'accord. La caisse était toujours vide, malgré des appels de fonds fréquents. Après une levée de 4 livres par journal de marais en 1766, en mai 1767, l'intendant ordonna de répartir la somme de 26,253 livres, plus une taxe annuelle de 1,312 livres, 13 sous, 3 deniers pendant 3 ans. En 1769, il fallut recourir à un emprunt de 12,000 livres afin de voûter le pont de Messan, de poser l'écluse de retenue de Vue, de creuser un canal rectiligne dans le commun de la paroisse de Vue et d'excaver les hauts-fonds. Après avoir refusé la navigation par les arches de Vue, on avait été obligé de concéder un canal de communication entre Messan et le bourg de Vue. Les décisions prises par l'assemblée des dessécheurs, en octobre 1769, furent très importantes et rachetèrent les lenteurs des années précédentes. Le programme arrêté fut le suivant :

Achèvement de l'écluse de Buzay;

Elargissement jusqu'à 30 pieds de l'arche du Pont-Rouge;

Réédification du pont de Messan sur le modèle de celui de Buzay;

Confection de l'écluse de Vue avec coulisses et poutrelles pour soutenir la navigation supérieure;

Approfondissement du canal de Messan à Vue, avec chambres pour retirer les bateaux;

Abaissement du radier de l'écluse de Vue au niveau des basses eaux de la Loire;

Excavation du dessous de l'écluse de Buzay;

Achèvement du canal entre le pont de Buzay et Messan.

Un nouvel emprunt de 3,000 livres fut jugé nécessaire pour entamer ces travaux.

Le programme aurait été suivi régulièrement si l'incident de l'étier de Vue n'était survenu à travers les combinaisons adoptées pour en paralyser l'effet ; des tiraillements inévitables se produisaient entre les bureaux et les dessécheurs, parce qu'il y avait contradiction fréquente entre les directeurs des travaux et les vues des intéressés. Chaque ingénieur changeait le système de son prédécesseur. Lorsqu'on examina les résultats acquis en 1772, on constata qu'on avait dépensé 85,000 livres depuis 5 ans pour suivre l'avis de l'ingénieur Magin, qui était partisan du canal neuf. Au lieu de continuer, on hésitait dans les bureaux et on écoutait ceux qui demandaient l'amélioration de l'étier de Vue en coupant le terrain nommé le *Commun de Vue.*

L'intendant penchait tantôt d'un côté, tantôt de l'autre, suivant qu'il avait lu des remontrances plus ou moins éloquentes. A la fin, il exigeait que les fonds libres fussent appliqués à la rivière de Vue, et quand les partisans du canal de Buzay venaient réclamer la continuation des travaux d'excavation commencés, il ajournait volontiers sa décision.

Contrariés par le défaut d'accord, les dessécheurs n'avançaient qu'à petits pas et toujours après avoir rédigé des pétitions renforcées de mémoires. Ralentie par les formalités administratives et le défaut de fonds, l'entreprise ne réussit pas plus à satisfaire les bateliers qu'à retenir l'eau nécessaire aux irrigations. Rien n'était achevé en 1789. La Révolution, en arrêtant l'activité des chantiers pendant 10 ans, ne fit qu'augmenter le désarroi des propriétaires de la vallée de Grandlieu et des rives du Tenu, de Saint-Mesme à la Loire.

CHAPITRE X

Travaux du XIXe siècle :

1° Incident de l'Etier de Vue (1765-1825);

2° Incident du canal de l'Etier à Bouaye (1838-1864);

3° Incident du Canal maritime (1881-1906)

I

Incident de l'Etier de Vue — Résistances et injonctions

1765-1789-1828.

Pour bien juger de la valeur des réclamations de la paroisse de Vue, il est essentiel de savoir que l'étier marin qui reliait le bourg à la Loire était un chenal très imparfait, serpentant à travers des prairies dont les bords à pic retombaient souvent dans son lit. Aucun travail d'art n'avait été fait pour creuser un port ou pour consolider les berges ou les rives. Tout était dans l'état de nature. La navigation y était donc sujette à bien des accidents et à des incertitudes, elle s'effectuait à mi-charge ou à pleine charge, suivant que la marée était plus ou moins forte, et, sur certains hauts fonds, les bateliers devaient décharger leurs chalands pour pouvoir passer ; une fois l'obstacle franchi, ils rechargeaient leurs marchandises. Telle fut la pratique pendant de longs siècles.

Lorsqu'en 1713 l'arrêt du Conseil d'Etat imposa à la Société des dessécheurs l'obligation d'entretenir la navigation par les arches de Vue dans la profondeur marquée (1) par le procès-verbal du 6 juin 1712, il n'entendait pas que le chenal serait changé ou transformé, il ordonnait seulement que le cours des eaux par Buzay serait assez bien réglé pour que l'ancien

(1) *Rapport du sieur Boussineau* (Archives du Syndicat).

parcours ne fût pas mis à sec. Le bourg de Vue comprenait les choses de cette façon; autrement, les propriétaires auraient demandé à être inscrits sur les rôles de cotisation pour être fondés à réclamer des transformations. Au contraire, ils ont refusé de faire cause commune avec les dessécheurs prétendant que leurs intérêts étaient différents et qu'ils n'avaient pas besoin du canal de Buzay.

Quand on fit les sondages, on constata que, pendant l'été, sous l'arche de Vue, la profondeur d'eau ne dépassait pas un pied et un pied et demi. La largeur de la rivière de Vue mesurait 16, 18, 20 et 25 pieds dans sa plus grande partie. Les travaux commandés après 1712 eurent pour résultat l'abaissement du radier de près de 4 pieds et les excavations furent portées jusqu'à près de 3 pieds aux alentours des arches de Vue.

La plupart de ceux qui plaidaient en faveur du parcours par l'étier de Vue ne connaissaient pas les conséquences de leurs pétitions, ils avaient besoin d'être éclairés par un homme de l'art. L'ingénieur Magin fut envoyé dans le pays et fit un rapport, en septembre 1765, dans lequel il dévoile franchement que la navigation, dans l'étier de Vue, n'est praticable qu'avec beaucoup de difficultés pour les bateaux de moyenne grandeur, et qu'elle est absolument impraticable pour les grands chalands. A son avis, il n'était utilisable qu'en l'élargissant et en l'approfondissant jusqu'à ce que la rivière eût 30 pieds de largeur à la surface des eaux prises à mi-marée. De plus, il était indispensable que les abords du pont de Vue fussent excavés jusqu'à 4 pieds en aval et en amont. Au lieu de dragages et de curages, il proposait de retenir les eaux du lac au commencement de l'hiver en barrant le pont de Messan afin de les reverser par Vue pour établir un fort courant.

Les idées de Magin furent un thème indéfini à discussion qui alimenta les mémoires pendant plusieurs années sans tenir compte de l'ordonnance du 29 mai 1767. Cet acte fixait les points de repère d'approfondissement et abaissait à 24 pieds la largeur de la rivière à sa surface. Il y avait aussi à régler le chiffre de la hauteur d'eau sous l'arche de Vue dont le radier devait être abaissé pour établir le courant nécessaire. Les uns voulaient 16 pieds, les autres 14 sous la voûte de l'arche.

Quel que fût le parti pris par l'Administration, les dessécheurs du canal de Buzay saisissaient tous les prétextes pour éluder les ordonnances et passaient leur temps à répondre aux pétitions de M. Danguy, de Vue. Les premiers faisaient de temps à autre quelque concession pour éviter le reproche d'entêtement, mais, en réalité, ils cherchaient à réduire au minimum les dépenses allouées pour la rivière de Vue.

On entama pourtant l'entreprise des excavations entre Rouans et Vue et au delà, mais avec peu d'entrain et de conviction, on ajournait l'attaque des sommets contre lesquels les vases s'arrêtaient, on laissait au courant de l'eau et au passage des bateaux le soin de parfaire le travail ; on ajournait sans cesse la construction des écluses de retenue à Messan et à Vue. Un grand mécontentement s'en suivit. On le calma en montrant que le remède contre l'envasement était dans l'ouverture d'un chenal droit à travers le terrain nommé le *Commun de Vue* (1).

Tout ce qu'on accordait à la paroisse de Vue excitait l'envie de ceux qui attendaient l'achèvement du canal de Buzay, les sociétaires, directeurs des travaux, étaient en butte à des reproches fréquents, ils étaient accusés de changer les devis et de détourner les fonds de leur destination, de négliger à dessein le parcours de Vue et de favoriser le canal de Buzay.

Pendant tous ces débats, le mal de l'envasement s'aggravait du côté de Vue, et, du côté de Buzay, rien n'était prêt pour le service régulier de la navigation, puisque les dessécheurs n'avaient jamais eu pour but que de faire un canal d'écoulement. Le halage sur les levées, la largeur du chenal, le garage des bateaux ne faisaient pas partie des prévisions.

Le moment de prendre une détermination ferme était arrivé, car on était menacé d'une obstruction complète sur le

(1) Il ne faut par oublier que le Bas-Tenu était très tortueux depuis le pont de Vue jusqu'à son embouchure.

parcours de Vue. Les bateliers, fortement appuyés par le Commerce de Nantes, portaient fréquemment des plaintes au subdélégué de Nantes [1] qui était très embarrassé pour les ordres à donner. On lui conseillait, en 1770, de passer outre l'opposition des religieux de Buzay et d'emprunter tout au moins provisoirement leur canal pendant qu'on améliorerait la rivière du Bas-Tenu. On devine de suite l'orage de protestations qui éclata sur la tête du subdélégué lorsque son projet fut divulgué. Les partisans de Vue, craignant que la mesure provisoire se changeât en solution définitive, voulaient à tout prix conserver la batellerie en activité sur leur rivière, tandis que les sociétaires du canal de Buzay se récriaient qu'on commettait un attentat à la propriété privée en livrant leur bien au public.

Pour en finir, l'Intendant de la Province envoya une ordonnance du 11 juillet 1772 qui permettait aux bateliers de passer par le canal de Buzay toutes les fois que le chenal de Vue serait impraticable. Les discussions n'en continuèrent pas moins. On répondait aux attaques du Commerce de Nantes, qui se montrait fort exigeant, que dans l'état antérieur à 1712, il n'y avait pas de navigation régulière, on invoquait les moulins, les hauts fonds si fréquents, le défaut de pente dans les affluents, etc. Les plus ardents, ne sachant à qui s'en prendre, accusaient les religieux de supercherie et prétendaient qu'à la fin du XVIIe siècle ils avaient créé une navigation factice du côté de Vue en bouchant les six voies d'écoulement de la chaussée Leray et en exhaussant cette chaussée elle-même, le tout sans autorisation [2]. Il en résultait un mouvement d'opinion injuste à l'égard des dessécheurs et une augmentation considérable de charges pour eux.

Les remontrances émises de part et d'autre pouvaient être justes, mais il n'en est pas moins vrai que les intérêts étaient

(1) Nantes était le chef-lieu d'une subdélégation de l'Intendance de Bretagne dont le titulaire avait la haute main sur l'administration et suivait de près tous les projets de travaux.

(2) Mémoire de M. X..., écrit à la Goubarderie en 1772 (Arch. dép., série C).

contraires et les rivalités ardentes. Il n'était pas facile de tenir la balance égale entre les concurrents. Tout à coup, on apprit que les travaux étaient suspendus dans tous les chantiers par ordre de l'Intendant et qu'on dressait un procès-verbal de l'état de la rivière (1772). Un nouvel ingénieur, nommé Groleau, de Nantes, fut appelé pour donner son avis et dressa des plans avec devis dont je citerai seulement le résumé en ce qui touche les points ci-après :

Elargissement des ports de Rouans et de Vue ;

Coupure du commun de Vue ;

Redressement de l'étier de Vue ;

Etablissement de deux écluses aux arches latérales ;

Abaissement du radier du pont de Vue ;

Excavation des hauts-fonds depuis le port, voisin de l'église, jusqu'au port de l'Isle-Adet.

Le programme était satisfaisant, mais il fallait être d'accord pour l'exécuter. Pendant que le seigneur de Vue, M. Danguy de la Blanchardais, obtenait, par ses instances, des résolutions favorables à sa cause, il faisait amener un bateau à queue pour draguer les mauvaises passes et offrait des avances pour le faire manœuvrer.

L'Intendant de la Province, fatigué des tiraillements, pressait le recouvrement des cotisations ou rappelait aux délibérants leurs devoirs à l'égard des convocations, des comptes à rendre et des autorisations à demander. Il entendait tous les jours des plaintes et des accusations qui le jetaient dans un grand embarras. L'exécution des plans fournis par Groleau, en 1773, lui semblait le meilleur parti à prendre pour rétablir la navigation par Vue. Il ordonna donc de mettre les devis en adjudication.

Cette détermination, au lieu de mettre fin aux discussions, ramena sur son bureau un déluge de mémoires contradictoires. L'ingénieur Groleau, disait-on, propose des modifications trop onéreuses et trop importantes dans le cours de l'étier de Vue. A son système on opposait des combinaisons différentes qui appelaient de nouvelles expériences. C'était un moyen de gagner du temps pour les dessécheurs qui payaient les frais de toutes les épreuves. L'ingénieur en chef Frignet vint de Rennes à Buzay, en 1775, pour vérifier les ouvrages; il donna à son tour d'autres indications plus dispendieuses à appliquer que celles de Groleau.

Les débats recommencèrent avec les échanges d'observations sans convaincre les bureaux que la résistance des dessécheurs était fondée. L'ordonnance de 1778, en mettant fin au conflit des ingénieurs, aggrave leurs obligations considérablement, car elle leur impose une nouvelle arche de 30 pieds d'ouverture à construire pour le pont de Vue, une double écluse à l'île Adet, des excavations nombreuses dans le lit du Tenu et de la Chenau, enfin le redressement de la rivière de Vue.

La condamnation était trop dure pour être acceptée par les intéressés, elle avait surtout le grand tort de ne pas tenir compte des sacrifices que les riverains du lac et de ses affluents supportaient depuis 60 ans, et de ne leur offrir aucun concours pour un travail d'utilité publique. Les pétitions et les doléances reprirent leur cours; les plus influents parmi les propriétaires, MM. de Charette et Binet de Jasson, multiplièrent les démarches à Nantes, à Rennes et jusqu'à Paris. Le découragement était si grand dans l'assemblée des membres de la Société de Buzay qu'on proposait d'abandonner la propriété du canal pour mettre fin à tous les soucis occasionnés par l'étier de Vue.

En portant appel à Paris des décisions prises à Rennes dans les bureaux de l'Intendance, ils trouvèrent au Comité des Finances, en M. Débonnaire de Forges, un avocat très clairvoyant qui sut parfaitement comprendre l'exagération de l'ordonnance. Mieux éclairé, le Conseil d'Etat rendit un arrêt très modéré dont voici la substance :

Les dessécheurs sont obligés de parfaire les excavations prévues en 1713, de construire des portes à coulisses sur le canal de Buzay et à Messan pour retenir les marées et les faire passer ensuite dans la rivière de Vue, de curer cette rivière en ménageant de distance en distance (chaque quart de lieue) un passage libre et facile pour la circulation de deux bateaux (1).

Cette décision est le dernier acte souverain qui soit venu trancher les discussions soulevées sous l'Ancien Régime à propos de l'entretien de la navigation dans l'étier de Vue. Elle ne réveilla guère l'activité des chantiers. Comme innovation, je ne puis citer qu'un projet d'écluse dressé par l'ingénieur Piou qui fut adopté en 1789, et dont l'exécution fut arrêtée par les événements de la Révolution.

Un profond silence régna dans le local des délibérations. Quand la guerre civile eut dispersé les sociétaires et les religieux, il ne fut troublé que par le tumulte des bestiaux que la République envoyait pâturer dans les vastes prairies de Buzay pour l'approvisionnement des armées ; mais, dès que la guerre civile fut apaisée, on vit renaître les prétentions des habitants de Vue.

Les réunions des dessécheurs avaient à peine repris leur cours qu'ils se voyaient obligés de donner satisfaction à leurs contradicteurs en ordonnant de creuser la douve promise entre Messan et Vue, et de recommencer à rédiger de nouveaux mémoires pour défendre les intérêts de leurs commettants. Les habitants de Vue sont mus par leur intérêt particulier, disaient-ils ; ils ne voient pas que l'entretien de la navigation par leur étier serait très onéreux par suite du retour des vases. La Société de Buzay s'est engagée non seulement envers une commune, mais envers toutes celles du bassin, l'intérêt général doit donc l'emporter. Il y a progrès dans la situation du pays, car autrefois les bateliers ne pouvaient user que de petits bateaux et attendaient les fortes marées sur l'étier de Vue, tandis que depuis l'ouverture du canal de Buzay, ils gagnent deux lieues sur le parcours et emploient des bateaux plus grands.

Le Syndicat des dessécheurs fut moins bien inspiré dans ses raisonnements quand il essaya de renier les engagements pris par les membres de la première Société, sous prétexte

(1) *Arrêt du Conseil du 10 mai 1785* (Arch. dép., C 122).

que la Révolution avait rompu tous les liens, et que l'Etat avait remplacé beaucoup d'associés. En réalité, l'entreprise n'avait pas changé et les acquéreurs profitaient de tous les bénéfices obtenus par leurs prédécesseurs. Il leur restait une ressource, celle de démontrer que personne n'avait intérêt au rétablissement de l'étier de Vue. Malgré les protestations des membres du Syndicat, le Conseil de Préfecture, par un arrêté du 8 août 1810, déclara que la nouvelle Société se confondait avec l'ancienne, qu'elle avait les mêmes obligations et qu'elle était tenue de rétablir la navigation par les arches de Vue [1].

La résistance continua en épuisant toutes les juridictions; on porta appel au Conseil d'Etat de la décision du Conseil de Préfecture et un décret du 15 mai 1813 acheva la défaite en confirmant son jugement.

D'autres se seraient avoués vaincus et auraient baissé pavillon, mais les dessécheurs reprirent la discussion et luttèrent sans crainte contre un adversaire terrible, M. Cossin, nouveau propriétaire à Vue, qui n'était pas disposé à reculer, et contre les ingénieurs qui avaient rédigé des devis pour la dépense à faire dans l'étier de Vue. En 1814, ils désignèrent des commissaires avec mission de remontrer à la Préfecture que la double voie navigable par Vue et par Buzay pouvait nuire au pays, et que d'ailleurs ils n'étaient pas obligés de redresser le cours du Bas-Tenu, ni de répondre du dessèchement des prairies situées au-dessous de Vue.

Sur les rôles de cotisation la commune de Vue n'était inscrite que pour le dessèchement de 226 journaux, c'est-à-dire pour les prairies situées au-dessus des arches de Vue, les prairies situées en aval étaient 20 fois plus étendues, il y avait donc lieu de reviser le cahier des charges à imposer aux demandeurs.

Le Préfet ne fut pas touché par ces raisons dilatoires et brisa l'entêtement des récalcitrants en soumettant un 2e devis définitif à l'homologation du Roi qui l'approuva et le rendit exécutoire par une ordonnance du 17 juin 1818. Mesure plus

(1) Voir délibération du 8 mai 1787.

grave, mais devenue nécessaire, il supprima le Syndicat et le remplaça par une commission syndicale de cinq membres qui devait assurer l'exécution des travaux prescrits.

Plusieurs événements comme les intempéries et la disette de fonds retardèrent encore la victoire des défenseurs de l'étier de Vue. Les vases qu'on retirait des douves en les rejetant sur les bordures étaient entraînées par les pluies et retombaient dans les canaux au fur et à mesure qu'on avançait. Dans les deux camps, l'impatience et le découragement énervaient les esprits. Pendant ce temps, les anciens lutteurs reprenaient parfois courage et négociaient très adroitement avec l'Etat pour obtenir quelque adoucissement à leur condamnation. Les alternatives d'espoir et de découragement durèrent 10 ans. Enfin, en 1827, les dessécheurs se décidèrent à transiger avec la commune de Vue en lui versant une indemnité de 35.000 francs à laquelle il fallut joindre 5.000 francs pour l'entrepreneur du barrage des Champneufs.

Telles furent les péripéties de cette lutte que n'avaient pas pu prévoir les rédacteurs de l'arrêt de 1713 et qui faillit compromettre l'achèvement du canal de Buzay. Elles devaient être exposées ici pour montrer avec quelle ténacité les Anciens savaient défendre leur patrimoine et les intérêts généraux de leur pays.

Nous verrons la suite au chapitre du Syndicat des marais de l'étier de Vue.

II

Incident du canal de l'Etier de Bouaye sur le lac

L'institution de la Société du Canal de Buzay cessa de fonctionner depuis la fermeture de l'abbaye jusqu'à l'année 1803. Le Préfet lui redonna la vie par un arrêté du 23 germinal an X. Les articles du règlement qui devait assurer son existence, suivant la loi du 4 pluviôse an VI, furent insérés dans un arrêté préfectoral en date du 28 messidor an XI [1].

Dès ses premières réunions, la nouvelle Société, désireuse de parfaire les travaux suspendus, décida qu'il y avait lieu de construire une double porte à Messan avec une digue de retenue, plus une écluse de retenue au-dessus de Messan, de curer la grève de la Baffrie, en Saint-Mars, et de creuser une douve de Messan à Vue. Les frais devaient être couverts au moyen d'une taxe de 2 francs par journal de marais, charge qui fut acceptée par les intéressés.

En 1807, on avait besoin d'argent pour reprendre les travaux de curage et les cotisations ne rentraient pas sans peine chez le caissier. On délibéra sur les moyens de contraindre les contribuables à s'acquitter.

En 1813, le moment parut opportun pour travailler à l'excavation de la grève du Butay et la chose fut résolue; cependant, ce haut-fond paraissait si utile au maintien de l'équilibre des eaux dans le lac qu'il fut attaqué avec timidité. Les uns le jugeaient utile, les autres nuisible. On le verra plus d'une fois cité dans les discussions.

Après avoir consacré une grande partie de leur temps aux négociations continuelles qu'exigeait l'arrangement à conclure avec la commune de Vue, les membres du Syndicat reconnurent que leur administration intérieure n'était plus d'accord avec la législation moderne ni avec l'importance que prenait tous les jours le canal de Buzay. Ils proposèrent à la Préfecture la rédaction de nouveaux statuts qui prévoiraient toutes les difficultés relatives au personnel, aux assemblées délibérantes, aux pouvoirs des commissaires et à la comptabilité. L'ordonnance du roi du 28 septembre 1830 répondit à leurs désirs en réorganisant la Société sur des bases nouvelles, suivant lesquelles les membres sont divisés en 16 sections distinctes. Sauf quelques légères modifications, ce sont les articles du règlement qui est encore en vigueur aujourd'hui. En voici le texte :

(1) L'homologation est du 9 fructidor an XI. Désormais la Société prendra le nom de Syndicat. Voir la loi du 4 pluviôse an VI.

Statuts du syndicat du canal de Buzay

TITRE PREMIER

FORMATION DE LA SOCIÉTÉ

ART. Ier. — Les propriétaires des marais situés autour du lac de Grandlieu et le long des rivières de la Boulogne, du Tenu, de l'Ognon et de l'Achenau, dans le département de la Loire-Inférieure, formeront une association sous le nom de Canal de Buzay, etc.

TITRE II

DES ASSEMBLÉES SECTIONNAIRES

Les Assemblées de section se composeront de tous les intéressés de cette section; elles auront pour objet :

1° De nommer pour cinq ans deux commissaires à l'Assemblée générale, etc.;

2° D'établir les changements à faire aux rôles des marais contribuables dans la section, à raison des mutations;

3° De répartir les sommes imposées pour la confection des travaux jugés nécessaires par la commission syndicale.

TITRE III

DE L'ASSEMBLÉE GÉNÉRALE

ART. VIII. — Les commissaires des 15 sections composeront l'Assemblée générale qui se réunira à Nantes. Eux seuls pourront y assister et y avoir voix délibérative. (Modification du décret du 15 août 1882.)

ART. IX. — L'Assemblée générale nommera parmi ceux qui la composeront le président et les quatre membres qui devront composer la commission syndicale et elle procédera à leur renouvellement périodique.

Art. X. — La majorité des sections, c'est-à-dire au moins neuf, devra être représentée pour que l'Assemblée soit constituée et puisse procéder, etc.

TITRE IV

DE LA FORMATION DE LA COMMISSION SYNDICALE ET DE SES FONCTIONS

Art. XI. — Cinq membres de l'Assemblée générale et choisis par elle formeront la commission syndicale ; leur nomination sera soumise à l'approbation du Préfet.

Art. XV. — La commission syndicale sera chargée :

1° De surveiller les travaux;

2° D'examiner les projets et devis des réparations ou exécutions;

3° De passer les marchés et adjudications;

4° D'assister à la réception des travaux;

5° De nommer l'ingénieur chargé de déterminer et diriger les travaux à répartir, de nommer les éclusiers et de les renvoyer, s'il y a lieu;

6° De veiller à tout ce qui est relatif à la navigation et au desséchement des marais.

Art. XVI. — Le président sera seul chargé de la correspondance et de la délivrance des mandats de paiement.

TITRE V

DE LA COMPTABILITÉ

Art. XVII. — Un trésorier, auquel il sera alloué un nombre de centimes réglé par la commission, sera chargé de recevoir les deniers des percepteurs de section et d'acquitter les mandats délivrés par le président.

TITRE VII

DISPOSITIONS GÉNÉRALES

Art. XXV. — L'éclusier de Buzai ne laissera point introduire les eaux de la Loire dans la partie supérieure du Canal pendant tout le temps que celles de l'Acheneau suffiront pour remplir le sas entre les deux écluses et faire ouvrir les portes de Messan. Lorsqu'à la fin de chaque hiver, les eaux de l'Achenau seront rentrées dans leur lit et que leur hauteur sur le radier supérieur de Messan se trouvera réduite à un mètre 28 cent., l'éclusier de Messan sera tenu de fermer les portes de son écluse et de ne les ouvrir que pour le passage des bateaux ou toutes les fois qu'il se trouvera plus de 1m28 cent. de hauteur d'eau sur le radier supérieur de la d. écluse, etc. »

L'article XXIX de l'ordonnance susvisée du 28 septembre 1830 est remplacée par la disposition suivante :

« La Société sera tenue d'entretenir les douves principales de décharge dans un état de curement tel que les eaux qui submergent les marais pendant l'hiver puissent s'écouler avec facilité dans la rivière avant que les eaux du printemps y mettent obstacle. »

« Les terres provenant de ces curements seront étendues sur les marais de manière que la jetée n'excède pas 32 centimètres de hauteur. »

« Les riverains ne doivent pas planter d'arbres, de haies ou de plombs à moins de 10 mètres des francs bords du cours d'eau [1]. »

En récapitulant la suite des améliorations qu'il avait poursuivies depuis 1713, le Syndicat constata avec orgueil qu'il avait réalisé sur beaucoup de points les souhaits de la plupart des riverains du lac et de ses affluents; il avait combattu

(1) Décret du 2 mars 1905.

énergiquement tous les projets de desséchement trop hâtifs qu'on lui avait soumis, défendu les intérêts des propriétaires contre les exigences parfois excessives des mariniers et conservé la propriété du canal de Buzay. Il est vrai qu'il avait dépensé près de 400.000 francs depuis 1713, mais, du moins, la navigation était en partie assurée par la suppression des sommets qui la paralysaient à Pilon, à Malnoë, à Jasson et jusqu'au Port-Saint-Père. Pour les résultats obtenus par le desséchement, il pouvait montrer la mise en valeur de 2.500 hectares soustraits à l'inondation constante.

Par un ingénieux système de portes, on était parvenu à régler beaucoup mieux le niveau de l'eau. Voici ce qu'en disait un ingénieur : « A l'embouchure du Tenu, on a placé des portes de flot et, à une lieue et demie au-dessus, à Messan, on a construit des portes d'èbe ou de reflux. Pendant tout le temps que les eaux affluentes font déborder le lac et le Tenu, ces dernières portes restent ouvertes. Ce n'est ordinairement que vers la fin du printemps ou dans l'été, lorsque les eaux affluentes sont expulsées, qu'on les ferme et qu'on retient au-dessus celles nécessaires à la navigation ».

« La hauteur de ces dernières est de 1m30 au-dessus du radier des portes d'èbe. »

« Dans la belle saison, lorsque la hauteur de l'eau pour la navigation est ainsi réglée, sa surface est de niveau depuis les portes d'èbe jusqu'au bout du Lac et du Tenu. Dans les grandes et longues chaleurs de l'été, lorsque les eaux du Lac ne sont pas assez abondantes pour maintenir la hauteur des eaux nécessaires à la navigation, à la marée montante, on laisse les portes de flot ouvertes et on introduit la quantité d'eau suffisante pour remplacer celle qui s'est évaporée (1). »

On ne pouvait maintenir cette situation et l'améliorer sans recourir de temps à autre aux cotisations.

En 1843, il fut décidé au Syndicat qu'il serait procédé au réarpentage des marais de la Société pour parvenir à une équitable répartition des charges (f° 227). L'activité qui régnait

(1) *Rapport de M. Plantier, 5 mars 1819* (Arch. dép., S/2, 347).

dans le Bas-Tenu, autour du port de Messan, et l'encombrement qui en résultait, démontra la nécessité d'augmenter la surface des terrains affectés au dépôt des marchandises.

L'écluse simple de Buzay ne répondant plus au mouvement des bateaux, le Syndicat (1851) approuva le projet d'une écluse à double sas à la condition que l'Etat, le Département et la Chambre de Commerce apporteraient leur concours à l'entreprise. Dans sa pétition au Préfet, il fit remarquer aussi que tous les frais de l'entretien de la navigation lui incombaient sans qu'il participât à la recette des droits de navigation. L'Etat seul profitait de ce revenu. On en demandera la suppression en 1851.

Du côté du Haut-Tenu, les dessécheurs avaient eu beaucoup plus de peine à maintenir le bon accord entre eux à propos des vases qui, disait-on, menaçaient d'obstruer le chenal des bateaux en face de la commune de Bouaye. Dans une réunion tenue le 17 février 1838, par les membres du Syndicat du Canal de Buzay, M. de Grandville indiqua comme un travail d'une haute utilité l'exécution d'un canal de dérivation qui pût faire éviter l'immense vasière placée à la sortie du lac. Comme on hésitait à le suivre dans cette voie, à cause des frais à supporter, il déclara qu'il prenait l'affaire à son compte, ainsi que l'enlèvement des hauts-fonds de la Chenau. Il s'agissait d'un canal de peu d'étendue qu'on pouvait considérer comme le contournement d'une vasière, et qui avait conquis, au premier abord, l'approbation des intéressés. L'offre de M. de Grandville, à cause de son utilité, fut ratifiée dans les bureaux de la Préfecture et les travaux commencèrent six mois après.

Tout à coup, les réclamations les plus vives furent adressées à l'Administration contre M. de Grandville par les mêmes personnes qui avaient approuvé ses propositions; les adversaires du canal le dénoncèrent comme un associé déloyal des entrepreneurs du dessèchement total du lac; ils s'élevèrent même contre l'excavation de la Grève du Butay qui passait à leurs yeux comme la protectrice du lac, oubliant que deux écluses, situées en aval de ce haut-fond, maintiendraient toujours la rivière à la profondeur de deux mètres, niveau contraire à tout dessèchement.

Pour calmer les esprits, une enquête de 20 jours fut ouverte dans laquelle les opposants triomphèrent à force de cabale et en s'appuyant sur des raisons discutables. Ils soutenaient que ce petit canal de 2.500 mètres était l'amorce d'un autre plus étendu de 20.000 dont l'importance exigeait une loi ; ils n'avaient peut-être pas tort. Dans la rédaction de son avis, le Préfet explique clairement pourquoi les formalités ont été abrégées : « la concession proposée est exécutée sans subvention et sans péage ». Il avait d'ailleurs, de son côté, l'avis favorable de l'ingénieur ordinaire Jégou qui reconnaît l'impossibilité de creuser un chenal dans une vasière liquide, et l'avantage, pour les mariniers, de jouir d'un chemin de halage qui sera ménagé sur les levées du canal. Il s'agissait, en effet, de creuser la nouvelle voie navigable parallèlement à la rive du lac sur la terre ferme. Le projet bien présenté était séduisant. C'est pourquoi le Préfet, soutenu par les ingénieurs, s'était empressé de signer un arrêté dont voici les principales conditions.

1° Le canal sera creusé au niveau du radier actuel de Messan, c'est-à-dire à 2m00 en contrebas du repère de navigation fixé par l'ordonnance royale du 14 février 1713, aura 10m de largeur à son plat fond et 18m à la ligne d'étiage. Il sera bordé du côté du lac par une digue dont le couronnement élevé à 3m00 en contrehaut du repère formera pour le halage un terre plein de 3m de largeur. Cette digue sera prolongée au delà de la Chenau en se dirigeant vers le mamelon du Buttay, mais il sera ménagé dans la digue, entre les points A et B du plan, pour la conservation de l'entrée actuelle de la Chenau, un libre passage dont l'ouverture sera de 18m, mesurés au niveau du repère de la navigation (1).

Le pied de la digue sera protégé sur toute sa longueur par des enrochements.

(1) *Arrêté du 11 juillet 1839* (Reg. des arrêtés, série K).

2° Le tracé général sera conforme au plan annexé à la requête du pétitionnaire. Des dragages seront opérés au débouché du canal dans l'anse de l'étier de manière à établir une bonne communication avec la partie profonde du lac.

3° M. de Grandville sera tenu d'établir un pont sur le canal de l'Etier dans l'emplacement indiqué au plan général. Ce pont sera composé de trois arches de 5ᵐ d'ouverture en arc de cercle, de 0,80 c/ de flèche, il aura 4ᵐ de largeur entre les têtes. Le dessus du pont sera de niveau et à la hauteur de la digue. Il sera entièrement exécuté en maçonnerie. Les arches, les plinthes, les chaînes d'angle seront en pierre de taille et le surplus des paremens vus en moëllon piqué.

4° Un 2ᵉ pont en charpente de 3 travées de 6ᵐ chaque, ayant 4ᵐ de largeur de voie sera exécuté sur l'ouverture de la digue à la traversée de la Chenau.

5° Un troisième et dernier pont aussi en charpente, ayant 4ᵐ entre les têtes sera établi sur le fossé ouvert par les fouilles faites pour former le prolongement de la digue vers le mamelon du Buttay.

6° La rampe projetée dans le prolongement de l'axe du pont de Bouaye et perpendiculairement à la digue sera supprimée et remplacée par une rampe semblable perpendiculaire à l'axe du d. pont et adjacente à la digue. La descente aura lieu de l'amont à l'aval.

7° L'entretien du canal, de ses talus, digues et francs-bords, l'entretien des trois ponts, les dragages nécessaires pour maintenir dans l'anse de l'Etier une profondeur nette de 1ᵐ20 en contrebas du repère, seront à perpétuité à la charge de M. de G. ou de ses ayant droit.

8° Les ouvrages étant faits à titre gratuit, aucun péage ne sera jamais perçu au profit de M. de G. ou de ses ayant droit, sous quelque prétexte que ce soit, sur le canal, sur les ponts et au port de Bouaye...

9° Il demeurera, au contraire, soumis au paiement de toutes indemnités qui seraient reconnues être dues.

10° Pour garantir le paiement de ces indemnités en même temps que le bon entretien des travaux concédés, M. de Grand-

ville devra donner une première hypothèque immobilière correspondant au capital représenté par les dépenses annuelles d'entretien du canal et de ses accessoires multipliées par 20 augmentées de 50.000 fr.

Nantes 11 Juillet 1839.

Le Conseil général des Ponts et Chaussées, après s'être éclairé par tous les moyens en son pouvoir, fut favorable au projet et, dans son rapport du 27 août 1839, détermina les conditions auxquelles il faudrait se conformer. Elles furent acceptées par M. de Grandville. Mais il n'était pas au bout de ses embarras.

Pour faire plus librement son canal dans le territoire de la commune de Bouaye, M. de Grandville fit remarquer que l'embouchure du lac, près de son chenal de décharge, était encombrée par un amas considérable de vases molles qui menaçaient de se colmater et de fermer le passage aux bateaux. Sa prévoyance aurait paru sincère à tous si elle ne s'était pas manifestée dans un temps où la question du desséchement total du lac était agitée, elle excita des défiances parmi les riverains surtout quand on le vit travailler aussi hardiment à l'excavation de la Grève du Butay qu'on regardait comme la digue protectrice des eaux du lac, à laquelle on avait à peine osé toucher depuis 1713 [1]. Ses collègues crurent qu'il avait l'arrière-pensée de tendre la main aux dessécheurs qui proposaient de faire un canal de circonvallation, tout au moins sur la rive orientale, pour évacuer les eaux de la Boulogne et de l'Ognon. Ces soupçons se traduisirent par une véritable hostilité. On lui reprochait d'avoir manqué de franchise et d'omettre les formalités nécessaires de l'enquête pour un travail qui tendait à transformer le lac. Une déclaration d'utilité publique paraissait nécessaire avec

(1) Elle avait été excavée de 4 pieds, en 1813, il l'abaissa encore de 4 pieds; on crut que la navigation allait être supprimée et le syndicat de Buzay le mit en demeure de rétablir la grève et autorisa le président à le poursuivre en justice. La délibération sur laquelle M. de G... s'appuyait, portait qu'il était autorisé à enlever quelques hauts fonds. La Préfecture ferma les yeux.

toutes ses conséquences. L'écho des plaintes se retrouve dans un mémoire de M. de Biré qui ne craint pas d'attaquer vertement le Préfet et l'auteur du projet de canal. Le pont qui s'impose par dessus le canal, dit-il, aura une levée qui barrera le lac : « Toutes ces entreprises sont contraires aux intérêts des propriétaires [1]. »

Il y avait une grosse question préalable à régler, c'était celle de la propriété des rives du lac, car les cotisations des dessécheurs n'avaient pas d'autres bases, et le bornage du lac n'était pas encore effectué sans contradiction.

M. de Grandville avait assuré à la Société du Canal de Buzay, lors de ses propositions relatives à la confection du canal de l'Etier, qu'il avait traité avec tous les propriétaires riverains. Or aucun traité n'était passé à cette époque et, depuis, les tribunaux « n'ont pas cessé d'être occupés, disait- » on, des procès qu'il a avec eux. Il en a exproprié de sa » propre autorité et sans aucune formalité, attribuant par là » au lac des terrains faisant partie du domaine de la » Société. »

Cette conduite devait susciter beaucoup de résistance, naturellement. Il se décida, le 6 avril 1840, à introduire une demande pour être autorisé à acquérir, *pour cause d'utilité publique*, les terrains nécessaires à son entreprise et obtint le 29 juillet 1841 l'ordonnance qu'il attendait. Avec cette arme, il agit en maître et força tous les opposants à céder.

Du côté de la municipalité de Bouaye les difficultés étaient aplanies. Après mûre réflexion, elle reconnut que le projet de canal ne pouvait déterminer qu'un dessèchement partiel sans influence sur l'état sanitaire du pays; que, d'ailleurs, il faciliterait les relations de Bouaye avec Nantes en toute saison. M. de Grandville lui offrait l'usage gratuit de toutes ses améliorations et, de plus, la propriété de bassins spacieux destinés à remplacer le port de l'Etier. Dans ces conditions, le Conseil municipal consentit à passer une transaction le 3 février 1839.

(1) *Délibérations de 1839* (Reg. du Syndicat), f° 202.

Il fut convenu : 1° que M. de G. creuserait à ses frais deux bassins avec des rampes d'accès, à proximité du chemin vicinal n° 4, plus, un môle avec cale d'abordage ; que le passage du pont et la circulation des bateaux dans le canal seraient gratuits (1).

L'exécution des travaux n'a pas progressé sans déboires en raison de l'inconsistance des alluvions du lac. On a fait d'abord un tronçon de canal et de digue d'une longueur de 1.300 m. partant de la tête de la Chenau et se dirigeant vers la rive Est du lac.

2° Un autre tronçon de canal partant du même point que le premier et se dirigeant vers l'Ouest du lac. Ce second canal a été abandonné en même temps qu'entrepris.

3° La chaussée qui devait assurer une communication charretière entre Saint-Mars et Bouaye ne donna que des résultats amers. Les remblais qui avaient été poussés jusqu'à deux mètres de hauteur en 1840, s'affaissèrent et disparurent entièrement dans le cours de l'année, dit l'ingénieur Cormier, parce que le terrain fangeux ne pouvait rien supporter. Pendant ce temps, le plafond du canal se soulevait d'autant, bien qu'on eût eu la précaution de l'ouvrir à 10 mètres au moins du pied de la digue (2).

Ces déceptions ralentirent l'ardeur des ouvriers, de l'entrepreneur et des actionnaires dès 1844 ; elles ramenèrent la période des réflexions et firent sentir durement l'insuffisance des premières études. Peu à peu les chantiers furent déserts et l'opinion publique réclama une enquête. En 1853, un rapport des ingénieurs constate les faits suivants :

1° L'anse de l'Etier et le port de Bouaye sont presque totalement comblés faute de dragages.

2° Le canal qui a été exécuté n'a guère, par suite d'envasement, que la moitié de la profondeur de 1m20 qu'il devait avoir.

3° Des trois ponts, un seul a été réellement construit ; le

(1) *Délibérations du Conseil municipal*, 1839 (Archives mun. de Bouaye),

(2) Ainsi, pour une dépense de 250,000 francs on n'avait obtenu que 1,300 mètres de travaux utiles.

deuxième, sur la Chenau, est déterminé par quelques pieux et planches; le troisième n'est pas même indiqué (1).

4° Quant à cette levée insubmersible, à laquelle le Conseil général de Ponts et Chaussées, dans sa haute prévision, avait fixé une largeur d'au moins trois mètres, à son couronnement, afin d'en faire plus tard un chemin de grande communication pour tous ces pays privés de moyens de transport (2), elle n'existe qu'à l'état de projet, car on ne peut appeler autrement un amas de boue, au niveau du lac dans sa plus grande partie, tremblant sous le pied de l'audacieux qui essaie de le franchir. « Et cependant, Mr le Ministre, des populations entières attendent avec impatience que cette voie leur soit livrée; pour elles, c'est là qu'est le travail d'utilité publique. »

« Depuis 6 ans, on n'a pas vu un seul ouvrier, quand tous les hivers cette chaussée au niveau du lac, dans les basses eaux, est submergée de plusieurs pieds et par conséquent détruite. »

Quand on interrogeait MM. de Grandville et de Juigné sur la cause des retards et qu'on les pressait d'exécuter leurs engagements, ils mettaient en avant des projets de desséchement général qui devaient les aider à résoudre les difficultés, mais les riverains voyaient les choses tout autrement et ne s'intéressaient qu'à la question des levées promises et à l'entretien du chenal. Le Syndicat du Canal de Buzay signala tous ces faits au Ministre des Travaux publics et lui demanda d'obliger M. de Grandville à se conformer au cahier des charges de son entreprise (3).

Quand on consulta l'ingénieur Jégou, il répondit que l'absence « de stipulation quant aux délais, mettait à couvert » MM. de Juigné, et qu'ils étaient d'ailleurs libérés de leurs » obligations par des difficultés de force majeure. *A l'impos» sible nul n'est tenu.* L'opération de la digue de Saint-Mars

(1) *Rapport de MM. Plantier et Allard* (Arch. dép., série S).

(2) Le Syndicat demanda (1842) que cette levée eût 7 mètres à son sommet pour que deux charrettes pussent se croiser sans culbuter. Sa vigilance s'étendait à tous les détails. *Livre des délib. de 1852* (Archives du Syndicat).

(3) Arch. dép., série S/4, Syndicat du Canal de Buzay.

» est trop onéreuse pour un individu seul ; elle doit être » assumée par une compagnie de desséchement ou par le » Département quand il tracera son réseau vicinal. »

Résumons les résultats palpables pour nos contemporains. Des ouvrages prescrits en 1840 il ne reste plus que le canal, les travaux accessoires ont disparu. Les gares d'embarquement qui existaient de chaque côté du pont en pierres n'ont pas été entretenues et ont fini par s'envaser. Le pont en pierres fut démoli en 1871 par le service vicinal après avoir été remplacé par le pont actuel qui dessert le chemin de grande communication n° 64. Quant à l'ancienne sortie du lac, un arrêté préfectoral du 25 avril 1863 autorisa M. de J. à y établir un barrage à la cote de 2m20 de Buzay. Puis, à la fin de 1864, l'ouverture fut bouchée complètement en l'absence de toute autorisation régulière.

Malgré les réclamations des riverains et les instances portées devant le Conseil de Préfecture en 1883 et en 1893, l'Administration ne fit rien pour obliger M. de J. et le Syndicat du Canal de Buzay à modifier le plafond du canal de Bouaye et à renverser le barrage.

III

Incident du Canal maritime

Programme de 1881.

Après avoir dépensé des sommes considérables et discuté pendant plus de 150 ans, le Syndicat du Canal de Buzay n'était pas parvenu au bout de ses peines, il travaillait sur un terrain mouvant qui se transformait sans cesse par suite des alluvions venant d'aval ou d'amont, de l'effet des pluies ou des marées de la Loire. La navigation, soumise à de nombreuses sujétions, avait beaucoup à souffrir dans les années sèches. L'étiage de tolérance qui assurait aux bateliers un tirant d'eau de 1m75 à Messan et à Buzay, donnait à peine une profondeur de 1 mètre sur les hauts-fonds situés en amont de Messan, dans la traversée du lac et sur certains points de l'Ognon, du Tenu et de la Boulogne ; il suffisait que le niveau, par l'effet de l'évaporation, s'abaissât pendant l'été, au-dessous de l'étiage de tolérance, pour que la circulation des bateaux fût arrêtée.

Dans les années pluvieuses aucune gêne ne se produisait, mais dans les années très sèches, à partir du jour où l'étiage de 1^{m}75 était obtenu, les portes d'écluse de Messan étant fermées, le plan d'eau continuait à s'abaisser, le passage des bateaux sur les hauts-fonds était impossible et l'interruption de la navigation pouvait durer plusieurs mois. Les mariniers réclamaient contre cet état de choses et obtenaient parfois du Directeur du Syndicat que l'on fermât les portes de Messan lorsque les eaux étaient au-dessous de la cote de 1^{m}75, ou bien que l'on ouvrît les portes de Buzay pendant la marée haute de la Loire pour introduire dans le bassin le volume d'eau nécessaire au relèvement de l'étiage réglementaire.

Alors, ces mesures excitaient les plaintes des propriétaires des marais, dont les intérêts exigent que le dessèchement soit aussi complet que possible. Il faut noter aussi que, du côté de Buzay, l'entrée des bateaux venant de la Loire ne pouvait se faire que pendant un temps très court, au moment où le niveau de la marée était peu différent de celui de la Chenau.

Pendant les crues de la Loire, les portes de Buzay restaient constamment fermées, les bateaux ne pouvaient plus passer du canal de Buzay dans la Loire et *vice versa*.

Au point de vue de l'agriculture, la situation était encore plus mauvaise. L'étiage de tolérance de 1^{m}76 était trop élevé pour certains terrains dont le niveau varie de 1^{m}85 à 2^{m}50. De plus, par suite de l'insuffisance des moyens d'écoulement, les crues se superposaient dans le lac et sur ses rives, les hautes eaux atteignaient 4^{m}30 à l'entrée du lac et 4^{m}55 à Saint-Philbert [(1)]. Les submersions d'hiver sont sans incon-

(1) Nos cotes sont toujours rapportées au zéro de l'échelle de Buzay qui est à 2^{m}49 au-dessus du zéro de l'échelle de Saint-Nazaire.

vénients, elles sont plutôt avantageuses, puisque tout le fond de la vallée est occupé par des prairies. Mais, lorsqu'à l'énorme accumulation qui se produisait pendant l'hiver, venaient s'ajouter des pluies de printemps intenses et prolongées, telles que celles de 1879 et des dernières années qui ont précédé, l'insuffisance radicale des débouchés de l'époque faisait que toute cette masse d'eau ne s'écoulait plus qu'avec une extrême lenteur. L'eau se maintenait à un niveau supérieur à celui de l'étiage jusqu'à la fin de juillet, sinon plus tard, et les plantes fourragères n'avaient pas le temps d'arriver à leur complet développement.

Telle était la situation de la vallée de l'Achenau en 1880, c'est-à-dire au moment où la Chambre de Commerce réclamait l'amélioration de la basse Loire et balançait entre le système des digues et celui d'un canal latéral. Cette fois encore, le Syndicat du Canal de Buzay reprit son poste d'observation pour protéger ses intérêts.

Les 4,000 hectares qui composent le territoire dépendant de la Société du Canal de Buzay consistent exclusivement en prés-marais. Leur valeur dépend de leur nature de prés-marais qu'ils ne peuvent conserver qu'à deux conditions. La première condition est que ces prés émergent à bonne date pour produire leur récolte de foin en juillet et août. Ajoutons, en outre, qu'il est indispensable que la cote *minima*, dite cote d'étiage, soit telle qu'elle n'entraîne pas une trop grande distance entre le plan des surfaces des prés-marais et le plan des eaux adjacentes.

La réunion de ces deux conditions donne à ces prés-marais une valeur considérable, car une grande partie de ces prairies produit un revenu annuel qui dépasse 100 francs et atteint jusqu'à 160 francs l'hectare. On comprend pourquoi le Syndicat des dessécheurs suivait avec anxiété tous les changements que l'Etat voulait introduire dans la distribution de l'eau.

Les eaux du canal de Buzay se déversaient jadis dans une des branches du fleuve qu'on nomme le *Bras de Buzay*, et qui longtemps fut desservi par un courant d'eau assez profond et suffisant pour emporter le trop plein de la vallée de l'Achenau. Ce régime assez régulier fut troublé le jour où les ingénieurs de la Loire maritime furent dans la nécessité d'établir un chenal artificiel dans le lit de la Loire, en endiguant les meilleures passes. Leur système eut un contrecoup fâcheux, sur la rive gauche tout au moins; il conduisit des masses de sable aux alentours des rives appelées l'embouchure du canal de Buzay et diminuèrent son énergie évacuatrice.

Sans tarder, la sollicitude de l'Administration fut éveillée sur ce point. Les ingénieurs firent valoir que la responsabilité de l'Etat était engagée par ce fait et déclarèrent loyalement qu'on ne pouvait pas continuer de sacrifier, comme on l'avait fait jusqu'alors, les revenus de 4,000 hectares de terrains en prairies aux besoins de la navigation et s'empressèrent de comprendre l'amélioration de la vallée de l'Achenau (avec le lac) dans le programme des grands travaux mis à l'étude à l'occasion de l'établissement d'un canal maritime. Il s'agissait, en effet, en 1880, non plus de draguer un bras de Loire encombré, mais d'ouvrir un canal sur la rive gauche à travers les prairies voisines de Buzay pour y faire passer les gros navires. Au lieu de se déverser dans la Loire, les eaux du canal de Buzay allaient devenir un affluent du canal maritime et subir toutes les alternatives des changements de niveau. Il y avait dans les préparatifs de cette grande modification plus d'une cause d'inquiétude pour les dessécheurs de la Société de Buzay. On s'empressa de les rassurer en disant que de puissants évacuateurs étaient prévus aux Champsneufs.

La première série des ouvrages qui furent approuvés pour la réalisation du programme fut entamée et poursuivie de 1882 à 1887 (1). Elle comprenait :

1° L'élargissement et l'approfondissement du vieux canal

(1) Un décret du 16 mai 1881 approuva un avant-projet comprenant l'approfondissement du Tenu et de l'Achenau et la construction d'un canal latéral au lac. Les travaux de l'Achenau seuls ont été entamés.

de Buzay et la construction des ponts de Messan et de la chaussée Leroy, des ponts Rouge et de Buzay.

2° L'établissement de l'écluse de Buzay et du barrage éclusé accolé.

Le canal de Buzay est divisé en deux sections : la première s'étend entre Messan et le nouveau barrage, la seconde entre ledit barrage et le canal maritime.

La première section est aujourd'hui établie en forme de cuvette d'une largeur de 15 mètres au plafond avec des talus inclinés à 2 mètres de base pour 1 de hauteur. Le plafond est réglé suivant une pente de 0,10 par kilomètre, mais entre le barrage éclusé et le canal maritime, le plafond est horizontal.

Les ponts transformés ont une arche double de 10 et de 12 mètres de débouché. Enfin, l'écluse a une longueur de 38 mètres sur 5m20 de largeur (1). Le total de la dépense de cette première série s'est élevé au chiffre de 1,200,895 francs.

La seconde série, commencée en 1890, comprenait l'élargissement du pont du Port-Saint-Père, l'enlèvement des hauts-fonds de l'Achenau exécuté en 1895-1896, soit une dépense de 138,497 francs (2).

En résumé, l'Etat a dépensé, de 1882 à 1905, dans la vallée de l'Achenau, la somme de 1,355,095 francs. En retour, il a simplement imposé au Syndicat du Canal de Buzay l'engagement de continuer l'entretien du réseau navigable et de contribuer à la dépense pour une somme de 142,000 francs. Certains propriétaires, comme MM. de Juigné, d'Illiers et d'Estrées, devaient bénéficier notablement des ouvrages exécutés. Ils consentirent aussi à payer une cote-part qui fut fixée, en 1881, à 42 francs par hectare émergé, quand le

(1) L'écluse est complétée par un barrage éclusé composé de 5 vannes de 3 mètres de débouché linéaire chacune, ce qui donne une largeur de débouché linéaire totale de 15 mètres sans tenir compte du débouché des ventilles des portes qui est négligeable.

(2) L'enlèvement des hauts-fonds s'est étendu sur une longueur de 15 kilomètres entre Messan et le lac par décision ministérielle du 26 avril 1894. Les travaux du Tenu ont été ajournés. On n'a pas touché au lac par suite des débats sur la propriété !

niveau de l'eau serait abaissé à 3m79 au-dessus du zéro de Saint-Nazaire, soit 1m30 par rapport au zéro de Buzay.

On ne tarda pas à constater l'heureux effet de toutes ces transformations. Il ne suffisait pas de faire accepter les conséquences du canal maritime aux propriétaires de prairies, il fallait encore leur persuader qu'ils étaient responsables des réparations du canal de Buzay quelles qu'elles fussent. A ce propos, un grave conflit s'éleva entre l'Etat qui avait élargi à ses frais ce canal et la Société des dessécheurs. Il est bien vrai que ces derniers avaient accepté les charges de l'entretien, mais ils avaient toujours compté que l'Etat leur viendrait en aide, ils réclamaient son concours parce que, disaient-ils, les dégradations résultaient des courants causés par les manœuvres du barrage éclusé de Buzay et par la direction du canal maritime. Ces faits se passaient en 1896.

Pendant dix ans, les deux parties n'ont pas cessé de discuter devant le Conseil de Préfecture et le Conseil d'Etat; la Société de Buzay a été obligée de payer, en 1901, 20,000 fr. de réparations, mais elle continua de lutter sans se lasser. Sa responsabilité n'a été déterminée que par un arrêt du 7 décembre 1906.

Pendant cette longue procédure, les travaux promis ont été naturellement ajournés par l'Etat, c'est pourquoi les riverains de la vallée du Tenu, de Saint-Mesme à l'Achenau, attendent toujours l'abaissement des hauts-fonds des Trois-Boisselées, de la Préauté, de l'Hermendrie, du Grand-Marais, de la Baffrie et du Moulin. Pour sa part, le Département a tenu ses engagements, puisqu'il a fait baisser le radier du Port-Faissant en 1902, condition qui avait été posée par l'Etat pour l'approfondissement du Tenu entre les Trois-Chenaux et Saint-Mesme.

Autrefois, le canal de Buzay débouchait directement dans la Loire et l'écoulement était arrêté dès que le flot atteignait le niveau de l'eau dans la partie inférieure de la vallée. Aujourd'hui, il débouche dans le canal maritime de la Basse-Loire qui sert de trait d'union entre l'émissaire de la vallée et le fleuve. De plus, la section d'écoulement, dit M. le conducteur principal Launay, a été de beaucoup agrandie; en outre, les eaux sont rejetées dans le fleuve par le barrage éclusé des Champsneufs, situé à *4 kil. 1/2* en aval de l'ancien débouché.

Il résulte de ces dispositions de multiples avantages. Tout d'abord, lorsque le barrage éclusé des Champsneufs doit être fermé par suite du niveau atteint en Loire par le flot, l'écoulement des eaux de l'Acheneau ne s'en poursuit pas moins dans le canal maritime qui forme un réservoir d'environ 100 hectares. En outre, pendant la période des inondations, comme l'écoulement se fait dans le fleuve beaucoup plus bas, dans un endroit où les crues atteignent une hauteur beaucoup moindre, il est permis de faire l'évacuation bien plus longtemps (1).

L'une des attributions auxquelles la Société de Buzay tenait le plus était le droit de réglementer la manœuvre des écluses; elle évacuait les eaux de sa région, les retenait ou empruntait celles de la Loire à son gré. Au titre VII, art. XXV de son règlement, on lit :

« L'éclusier de Buzay ne laissera point introduire les eaux de la Loire dans la partie supérieure du canal pendant tout le temps que celles de l'Acheneau suffiront pour remplir le sas entre les deux écluses », etc.

« Les éclusiers seront tenus de se conformer aux ordres écrits que le Président et l'Ingénieur de la Société pourront leur donner dans des cas extraordinaires », etc.

Dès que l'écluse de Buzay fut liée au sort du canal maritime de la Basse-Loire, une nouvelle réglementation fut nécessaire, les éclusiers de la Société de Buzay devinrent forcément les auxiliaires des Ponts et Chaussées. Ce service très compliqué fut l'objet d'un premier règlement (1887) qui, après une expérience de trois ans, fut transformé en un second règlement qui tenait compte de toutes les exigences (1890).

Il faudrait tout un volume pour raconter les observations,

(1) *Etude historique de M. Launay*, sous-ingénieur (*Archives des Ponts et Chaussées*).

les plaintes et les réclamations qui affluèrent dans les bureaux des Ponts et Chaussées lorsque le service de la navigation voulut se servir de son canal maritime et manœuvrer les écluses de Buzay. Quand un gros navire passait dans le canal maritime, le plan d'eau se relevait dans le canal de Buzay et aussitôt les syndiqués se plaignaient que le desséchement était interrompu. Les variations brusques de niveau, la lenteur des évacuations soulevaient aussi des récriminations, alors les ingénieurs faisaient de longs rapports pour se justifier.

Le plus gros grief fut le reproche qu'on adressait aux ingénieurs à propos du rôle des siphons inventés pour remplacer l'inondation directe par le fleuve; on alléguait avec beaucoup de raison que ce remède était loin d'offrir une compensation suffisante. Au lieu d'eaux chargées de limon qui fertilisaient les prairies, les eaux qui arrivaient par les siphons étaient trop claires pour être fécondantes parce que l'inondation ne montait pas librement, et ce fait seul entretenait le mécontentement (1). Néanmoins, étant donné la nécessité inévitable du canal, il faut reconnaître qu'il n'y avait pas de moyen plus ingénieux d'atténuer les inconvénients du nouvel état de choses et de rétablir la communication des prairies avec la Loire.

Les propriétaires riverains du Tenu et de la Loire auraient mauvaise grâce à se plaindre de la combinaison adoptée, car, tout compte fait, les héritages de la vallée de l'Achenau ou du Tenu n'ont rien perdu de leur valeur, les récoltes n'y sont pas moins abondantes qu'autrefois et le pays, orné de canaux, d'écluses, de ponts, de digues, est armé de tous les instruments qui donnent la prospérité; il a, de plus, revêtu l'aspect riant des campagnes hollandaises où le génie de l'homme se fait sentir à chaque pas.

(1) Les siphons passent sous le canal maritime et servent à l'introduction des marées dans les canaux d'irrigation aux Champsneufs.

CHAPITRE XI

Desséchement du Lac de Grandlieu

Analyse des divers projets proposés depuis 1784 jusqu'en 1894

I

Les projets de desséchement du lac au XVIIIe siècle Demande en bornage et réponses

Dans le même temps que la Société du Canal de Buzay travaillait à écarter les obstacles qui gênaient la navigation et à diminuer le plan d'eau du lac, le Contrôleur général favorisait les Compagnies qui se formaient en vue de dessécher les marais. C'est à la fin du XVIIIe siècle, on le sait, que l'on a déployé le plus d'activité en Bretagne pour améliorer les marais : ceux de Dol, ceux de Donges et de Lavau dans la Basse-Loire sont du programme de cette époque.

A Paris, on était très disposé à regarder le lac de Grandlieu comme un immense bassin marécageux qu'on pouvait transformer au profit de l'agriculture, et cette opinion faisait naître des projets dans les cerveaux en quête d'entreprises. On peut citer quelques noms d'amis du progrès qui se bercèrent d'illusions. Parant, trésorier de France à Angers en 1741, avait en tête un projet qui resta en route. Mansard, architecte du Roi, en 1754, vint en Bretagne au nom d'une Compagnie au moment où les propriétaires du canal de Buzay étaient arrêtés dans leurs travaux par le défaut de ressources et se trouvaient découragés par les embarras. Il espérait sans doute que le traité des dessécheurs serait rompu et que la place serait à prendre. Son imagination s'échauffa à tel point qu'il conçut un projet grandiose d'après lequel le lac devenait un réservoir d'alimentation pour un canal à ouvrir entre Nantes et la mer (1). Il développa ses idées dans les bureaux avec ampleur, car il accuse l'ingénieur de la province d'être un plagiaire à son égard. En réalité, il ne connaissait pas assez la vallée du Tenu et il avait à vaincre la résistance des riverains et des Etats de Bretagne.

Lorsqu'il eut rassemblé les intéressés à Machecoul et entendu leurs observations, il acquit la conviction que les résultats du dessèchement ne compenseraient pas les pertes de la navigation (2).

Celui qui fit le plus de bruit et de démarches dans les bureaux, ce fut le marquis de Juigné, maréchal de camp, en 1767, qui possédait la châtellenie de Vieillevigne du chef de sa femme et qui, en cette qualité, exerçait sur l'étendue du lac les fonctions de justicier avec des droits de pêche importants. Fier de ces prérogatives et de ces attributions, il avait plus que personne des prétentions et se croyait fondé à revendiquer la concession du dessèchement à l'exclusion de tous autres. Il s'apercevait un peu tard que les tentatives de la Société de Buzay depuis 1713 étaient un attentat à sa propriété.

Les travaux d'excavation qui s'opéraient dans le Bas-Tenu pour l'écoulement des eaux étaient dirigés sans souci de changer la surface et le volume du lac de Grandlieu, aucune réserve n'avait été inscrite au cahier des charges au profit de ceux qui pourraient réclamer la propriété de ce bassin. Il n'était venu à la pensée de personne que quelqu'un discuterait un jour la contenance du lac et en demanderait le débornement contre les riverains.

Mal instruit sur la situation domaniale du Lac, le chargé d'affaires qui lança le maréchal dans cette aventure n'eut pas la précaution de compulser les documents anciens, de sorte que la première pétition échoua et entraîna d'autres insuccès. Une ordonnance de l'intendant de Flesselles du 2 mai 1767

(1) Arch. de la Chambre de Commerce, C 799.
(2) Arch. dép., C 118. Mansard n'a pas reçu le *don* du lac, comme on l'a écrit.

déboute M. de Juigné de son opposition au dessèchement approuvé en 1713 et le renvoie à se pourvoir devant les religieux de Buzay pour se procurer les titres dont il a besoin [1].

En 1773, le demandeur attaqua de nouveau la société du Canal de Buzay sur ce prétexte que le Lac devait être déborné et qu'il y avait nécessité de déterminer la limite séparant sa propriété des propriétés particulières. On lui fit remarquer froidement que sa requête était prématurée puisqu'il ne citait pas un cas où il eût été lésé. Dès lors, le marquis de Juigné ou son chargé d'affaires ne cessera pas de poursuivre le projet de délimitation et de dessèchement qu'il a amorcé en parlant comme un propriétaire qui défend son patrimoine.

En 1774, il poursuit des démarches actives au Conseil du Roi et dans les bureaux pour faire ressortir les avantages qui résulteraient de la transformation du lac et, par là, il accrédite l'opinion qu'il est le maître de la situation. Le 16 mars 1784, il réussit à fonder une compagnie de dessèchement et à conclure un traité par lequel il assurait aux entrepreneurs la propriété de la moitié des terrains desséchés, et, le 10 mai 1785, il obtint la permission de faire dresser le plan du lac.

Cette compagnie était représentée par Roux, notaire à Saint-Cloud. Elle s'engageait à faire le travail en 7 ans et à poursuivre la réintégrande des terrains *usurpés* depuis 1713 et à racheter les droits de pêche jusqu'à concurrence de 30,000 livres [2].

Dès que les délégués aux opérations de l'enquête préalable voulurent se mettre en mouvement, le 31 août 1786, ils s'aperçurent bien vite que la résistance serait l'attitude de la majorité dans les 17 paroisses riveraines, et cela se comprend. Le dessèchement du lac soulevait beaucoup de questions qui n'étaient pas éclaircies et qui pouvaient troubler bien des intérêts suivant la solution qu'on adopterait. Il n'était pas facile de ménager tout à la fois les droits de pêche, les droits de navigation et les droits de propriété, les droits souverains

(1) Arch. dép., C 115.
(2) Les bornes posées autour du lac sont de cette époque (Voir série C, Arch. dép.).

du Roi et les droits des particuliers. Jamais, à aucune époque, la cuvette du lac n'avait été dessinée par des bornes fixes. L'entreprise était donc pleine de périls et de complications que le chargé d'affaires ne soupçonnait pas parce qu'il ignorait que les titres des riverains étaient contraires aux prétentions de son maître.

La Société du Canal de Buzay, après avoir examiné le projet de M. de Juigné, chargea des commissaires de rédiger des observations qui remplissent un gros cahier. En voici la substance. Le projet de dessécher le lac est contraire au bien public et en contradiction avec les ordonnances royales qui prescrivent de multiplier les voies de communication pour le commerce. Les rivières du Tenu, de la Boulogne, de l'Ognon servent au transport des vins, des bois, des engrais, des matériaux de construction et facilitent les relations du Bas-Poitou avec le bassin de la Loire; et ces avantages sont si précieux qu'ils sont inscrits dans l'arrêt du Conseil de 1713. La crainte de suspendre ou de supprimer la navigation est si forte que la Société du Canal de Buzay n'a pas osé excaver la grève du Butay bien qu'elle fût autorisée à le faire.

La préoccupation était la même chez le marquis de Crux, auteur des droits de M. de Juigné, quand il vint déposer à l'enquête ; il craignait que l'abaissement du plan d'eau ne nuisît à la navigation. Maintenant le projet arrêté par la Compagnie de Juigné n'est pas assez connu, il n'est pas manifeste qu'on parviendra à concilier le desséchement avec les avantages d'une navigation sûre et commode, et à conserver de l'eau dans les affluents lorsque le bassin principal sera remplacé par des canaux.

Les opposants protestent aussi contre un desséchement excessif, attendu que les marais et prairies en bordure du lac ont besoin d'être submergés durant le tiers de l'année, autrement, ils sont improductifs (1).

La salubrité de l'air est la même qu'ailleurs : « il n'y a nulle part plus de vieillards et d'hommes sains que dans les lieux

(1) On perdrait 6 à 7 mille arpents de prés-marais, dit le mémoire.

voisins du lac ». Inutile donc de dire que le pays gagnera au desséchement.

En interprétant l'arrêt du 10 mai 1785, l'Intendant de la province lui a donné une extension que la Société de Buzay ne peut accepter, car elle trahit l'intention de s'emparer des terrains qu'on dérobera aux inondations. « Ces terrains » forment le patrimoine des riverains qui les possèdent, ils » les ont desséchés parce qu'ils en étaient propriétaires, ils » en ont joui sans trouble jusqu'à présent, comme leurs » ancêtres en jouissaient » avant les inondations qui ont motivé l'arrêt de 1713.

« Le marquis de Juigné n'a eu la propriété que des *eaux* du lac, aucune des rives ne lui appartient » et son volume d'eau est fixé par une chaussée de 100 pas de long nommée *la Grève*. C'était l'opinion du marquis de Creux, en 1712.

Il ne paraît possible que M. de J. puisse revendiquer aucune portion des rives du lac, il n'a pas fait valoir ses droits en 1712, tandis que les autres riverains ont consenti à subir des impositions pour la cessation de l'inondation de leurs terrains. Ils doivent donc être considérés comme les seuls propriétaires. Par toutes ces considérations, les associés du canal de Buzay s'opposent à ce que les bornes désignées en 1713 soient prises pour régler l'étendue du lac.

Voilà comment on raisonnait au XVIIIe siècle.

Des flots d'encre coulèrent contre le projet lancé par M. de Juigné ou par ses gens, et la défense ne fut pas toujours à la hauteur des attaques. M. Juchault des Monceaux prit à son tour la plume en 1789 et écrivit que le marquis ne pouvait faire des canaux dans le bassin de Grandlieu puisqu'il n'y possédait aucun terrain. Sa juridiction, dit-il, se tient sur l'eau. Le contradicteur ajoute qu'il a faussé la situation en exposant que le lac est au milieu de ses terres comme un fief considérable, pendant, qu'en réalité, il n'a aucun domaine autour de ce bassin. La côte du nord relève du duché de Retz. celle du sud relève du Roi. Pour ce qui le concerne, le seigneur de Monceaux affirme qu'il a 290 journaux de marais dont sa famille jouit depuis un temps immémorial. Le marquis de Juigné n'a que la juridiction des eaux et un droit de pêche qu'il a acheté de l'abbaye de Buzay [1]. Voilà comment les contemporains de l'Ancien Régime appréciaient la domanialité du lac.

Appelés à donner leur avis, les Etats de Bretagne, en 1786, chargèrent leur procureur syndic à la Cour de s'opposer au desséchement. Les dernières années de l'Ancien Régime s'écoulèrent ainsi dans les lenteurs de l'enquête et les échanges de mémoires, les observations et les recherches juridiques.

II

Nouveaux projets de desséchement des ingénieurs Vallès, Petit de Nispel, Mille et Eon du Val au XIXe siècle

Pendant la Révolution, le lac de Grandlieu resta dans une situation indécise; sans doute par suite de toutes ces discussions, il ne fut pas compris dans le séquestre mis sur les biens de M. de Juigné. Néanmoins, par un arrêté du 14 frimaire an XIII, le Conseil de Préfecture jugea équitable de prononcer la mainlevée et de remettre M. de J. en possession et jouissance du lac. Sans perdre de temps, le bénéficiaire de l'arrêté s'adressa au Ministère de l'Intérieur et demanda de nouveau, au mois de messidor an XIII, à faire le desséchement. Cette précipitation est assez étrange, étant donné que la loi relative au desséchement des marais du 16 septembre 1807 n'avait pas paru.

La pétition du demandeur fut renvoyée au Préfet dont l'arrêté porte, qu'avant faire droit, il y a lieu de dresser un plan limitatif. En présence de l'opposition manifeste qui se produisit dans toutes les communes, en 1807, les bureaux étaient décidés à faire une étude approfondie de la question.

(1) Arch. dép., C 115.

Ils furent stimulés par le Conseil général de la Loire-Inférieure qui, en juin 1806, avait envoyé une protestation au Ministre de l'Intérieur. De son côté, la Société du Canal de Buzay fit entendre de nouveau les raisons exposées en 1786 : le lac mis à sec occasionnera des maladies épidémiques, les dépenses considérables ne seront pas compensées par les résultats obtenus, les communes perdront leurs communications habituelles, l'irrigation des prairies, qui est assurée par les écluses et le canal de Buzay, sera troublée et les sacrifices des propriétaires seront perdus, enfin la délimitation du lac est une source de contestations (1).

Au lieu d'entrer dans toutes ces considérations secondaires, le Préfet de Celles se plaça uniquement au point des droits de propriété du demandeur et déposa les conclusions suivantes :

Conclusions du Préfet de Celles.

Considérant que le lac de Grandlieu est un réservoir naturel qui réunit trois rivières navigables au delà des limites de son bassin, que par son étendue, son utilité, sa nature, l'usage libre et commun de la navigation, il a tous les caractères d'une propriété publique contre laquelle une possession quelque longue et quelqu'incontestée qu'elle eût été, ne peut prescrire;

Que MM. Brie-Serrant et de Juigné n'ont jamais possédé le lac comme domaine réel; que le dernier exerçait, seulement à titre de seigneurie, un droit de juridiction et de pêche supprimé comme tous autres droits féodaux;

Que les aveux qu'il cite comme preuve de sa propriété sont d'autant moins valables qu'un des plus anciens, celui qui est le type des autres, a été réprouvé et que l'article relatif au lac de Grandlieu en a été rayé suivant un arrêt du Conseil du 12 octobre 1680;

Considérant que le desséchement ne peut intéresser l'agri-

(1) On avait dépensé 400,000 fr. depuis 1713 pour dessécher 6,500 journaux de marais.

culture considérée dans ses rapports généraux, parce que, sans rechercher quelles difficultés on peut rencontrer dans l'amendement de terres froides et tourbeuses et à maintenir productifs, ces desséchements d'une fertilité décevante et peu durable, on sent que des terrains marécageux et qui ne seront totalement découverts que trois ou quatre mois de l'année, ne permettent pas d'espérer des grains; que d'ailleurs nos besoins n'excèdent pas le produit de nos récoltes et que les pâturages sont assez abondants dans ces cantons,...

Est d'avis :

Que MM. de Brieserrant et de Juigné n'ont jamais été, ne sont point et ne peuvent être propriétaires du lac de Grandlieu;

Que, suivant les présomptions de droit et les titres, ce lac doit être considéré comme n'ayant jamais cessé de faire partie du domaine public et par conséquent il doit être incorporé au domaine de Sa Majesté (1).

Le nom de M. de Brie-Serrant, qui figure accidentellement dans l'arrêté préfectoral, nous rappelle un projet de canal entre Machecoul et le port de Saint-Mesme qui fut ébauché sur le terrain (2). Ce personnage entreprenant qui fit l'acquisition des droits féodaux du duché de Raiz 10 ans avant leur suppression, s'est fait encore le patron d'un autre projet de canal de Nantes à la Mer par l'étier de Haute-Perche dont la première idée aurait germé dans la tête de l'abbé Galipaud, curé de Pornic; il entendait le réaliser en se servant du lac de Grandlieu comme d'un réservoir (3).

Mal instruit de ses droits, il s'était laissé persuader qu'il pouvait revendiquer le lac comme propriétaire de la seigneurie des Huguetières, dont nous avons parlé. Cette conception, soumise à l'Empereur, ne lui parut pas réalisable et fut peu à peu oubliée. Dans sa correspondance avec le Minis-

(1) Rapport au Préfet de Celles et avis, 17 août 1808 (Arch. dép., série S).
(2) Archives de la Chambre de Commerce, C 678-679.
(3) Le curé de Pornic revendique ce projet comme sien dans son *reg. paroissial* (Archives de la Mairie, 1780-1792).

tère des Travaux publics, Napoléon laisse voir qu'il préférait le desséchement de ce qu'il croyait être à l'état de marais. « Les desséchements les plus importants à faire, dit-il, dans le département de la Loire-Inférieure, notamment le *lac de Grandlieu* [1] ».

Sous la Restauration, la question ne fit pas de progrès. Il y a un avis du Conseil d'Etat du 3 août 1827 qui porte que le lac sera délimité avant tout essai de transformation. Il paraît que cette première formalité était très difficile à remplir, car elle est sans cesse prescrite et toujours ajournée. L'ingénieur Chappotin, chargé de faire le rapport, en 1832, évalue le produit brut du desséchement à la somme de 1.700.000 francs, mais son appréciation ne détermina aucun entrepreneur à prendre l'adjudication des travaux.

Projet Vallès.

Sans se décourager, la famille de Juigné s'adressa à une société financière, dite Compagnie Turninger, en 1838, qui choisit l'ingénieur Vallès pour étudier l'affaire et la mettre en train. Celui-ci n'était pas sans réputation, il arrivait fort de l'expérience tentée par Prony sur les marais Pontins, et proposa d'entourer le bassin du lac d'une digue de ceinture au pied de laquelle on creuserait un canal de grande navigation destiné à recevoir la Boulogne et l'Ognon et à les conduire en Loire par le débouché de Buzay.

Il fut autorisé à procéder aux levés de plan, aux nivellements, aux sondes et à toutes les opérations nécessaires, mais il fut très difficile de tomber d'accord sur les principes du bornage [2]. Les propriétaires du lac voulaient que les limites de leur bassin fussent déterminées d'après les constatations de l'enquête de 1712, tandis que les associés du Canal de

(1) *Lettre du 11 août 1808*, n° 14250 (Corresp. de Napoléon, Impr. Nationale, in-4°).
(2) L'enquête d'utilité publique est de 1841 (Arch. dép., série S, 4e section, n° 98).

Buzay répondaient avec raison que cet état de lieux était leur unique garantie contre les intéressés au desséchement et servait de base cadastrale à la perception des cotisations. A leur avis, l'entente sur le partage des rives du lac ne pouvait avoir lieu qu'après le desséchement définitif. Dans tous les cas, si l'opération avait lieu, il serait équitable que l'Etat imposât aux gros dessécheurs des indemnités envers les associés du canal de Buzay, indemnité de bénéfice pour l'augmentation de terrain fertilisé, et indemnité de non-value pour les propriétés trop desséchées [1].

C'était l'époque où M. de Grandville, copropriétaire du lac, travaillait à la construction du *Canal de l'Etier* [2], et on redoutait beaucoup que ce tronçon ne servît d'amorce au canal de l'ingénieur Vallès. Souvent réunis, les membres du Syndicat du Canal de Buzay rédigeaient mémoires sur mémoires pour exciter les défiances des riverains. Toujours inquiets sur les résultats des transformations, ils signalent le danger du desséchement au point de vue de la santé publique, ils font appel aux lumières de la Faculté de médecine, à l'expérience du Conseil d'hygiène et des médecins locaux. Saisis des termes du projet proposé, ils font des observations en disant qu'il y a lieu de craindre la répétition des grandes inondations, et que la prévoyance demande dans les levées de bordure, le percement de déversoirs surtout en face des rivières, avec vannes de fond, une augmentation de largeur dans les arches du pont de Bouaye et l'établissement d'une nouvelle décharge du côté de Buzay pour faciliter l'écoulement.

En totalisant les avances indispensables à faire, les promoteurs de l'entreprise Vallès-Turninger furent effrayés et ajournèrent encore une fois l'exécution des plans, après avoir dépensé 150.000 francs en essais infructueux (1846).

(1) *Délibérations du Syndicat*, séance du 10 mai 1842.
(2) L'Etier est un village de la commune de Bouaye.

Projet de Nispel.

En 1847, M. Petit de Nispel [1], ingénieur anglais, se mit en scène et introduisit au projet une modification heureuse. Il sépare le lac de ses deux grands affluents par une digue *insubmersible*, puis il le maintient à sec au moyen de machines à vapeur d'épuisement, mais il ne développe sa digue que sur le côté oriental, du coteau de Saint-Philbert à celui de Saint-Mars. En détournant la Boulogne et l'Ognon, il abrite suffisamment son *polder*, car il n'y a pas un affluent à recevoir sur la rive gauche du canal de ceinture.

La ligne ainsi déterminée enferme dans son périmètre 3.760 hectares sur lesquels on compte seulement 600 hect. de terres sablonneuses, c'est la grève de Passay sur la rive droite; le reste constitue une immense plage de vase de plus de 3.000 hectares de superficie.

Persuadés que cette nouvelle combinaison devait réussir, MM. de Grandville et de Juigné s'associèrent en vue de diriger eux-mêmes l'affaire et, dès le mois d'août 1848, ils adressèrent une pétition au Ministre des Travaux publics pour être autorisés à exécuter les devis dressés par le conducteur Pochet. Cette fois encore, ils se heurtèrent à des contradicteurs.

M. P. Fleury, sous l'anonymat d'un *riverain*, publia une brochure où il passe en revue les moyens proposés et signale les inconvénients et les dangers du dernier système. La digue longeant le périmètre du lac empêchera les crues d'hiver d'entrer dans le bassin et les refoulera dans les vallées voisines, ce qui aménera des inondations désastreuses. L'opinion publique est émue par les divergences des projets mis en avant, elle redoute des expériences nuisibles [2]. Elle connaît les crues rapides du lac, l'écoulement lent de son chenal et

(1) Il se présentait comme acquéreur du lac en 1850, sans montrer ses titres. Le Syndicat du Canal de Buzay refusa toute explication (Liv. des Délibérations du Syndicat, f° 248).

(2) *Examen du projet de desséchement du lac de Grandlieu* (Nantes, Guéraud, 1850, 1 br. in-8°, 16 pages).

craint les conséquences de la réduction du réservoir autant que les effets des fossés pleins d'eaux croupissantes.

Après de longues réflexions, les promoteurs de l'entreprise reprirent courage et s'adressèrent à un nouvel ingénieur.

L'ingénieur en chef Mille adopta le projet sur les bases précédentes, le 20 décembre 1859, et demanda à l'Administration de prescrire le desséchement aux conditions suivantes :

Le profil du canal et de la digue de ceinture restera tel qu'il est déjà exécuté entre l'anse de l'Etier et l'entrée de la Chenau.

Les débouchés seront accrus.

Le dessécheur aura la faculté de faire varier le tirant d'eau du canal de 1m50 à 2m00 et pourra user d'une tranche liquide de 0m50 au profit des irrigations.

L'entretien du canal de ceinture et des digues reste à la charge du dessécheur, lequel jouira de l'exercice du droit de pêche et du produit du faucardement des herbes.

Le projet étant d'intérêt commun, les travaux seront partagés entre le dessécheur, le Syndicat du Canal de Buzay et l'État.

Les résultats de l'enquête ouverte en 1860 ne furent pas meilleurs pour M. de Juigné que les consultations précédentes. Quand la Société du Canal de Buzay fut appelée à donner son avis, elle répondit que cette huitième tentative de desséchement devait être rejetée : 1° parce qu'elle porte atteinte à la salubrité du pays ; 2° parce qu'elle est nuisible aux intérêts des riverains et à ceux de la Société de Buzay ; 3° parce qu'elle est sans avantage pour la navigation et qu'elle favorise seulement un intérêt privé (1).

Les idées de l'ingénieur Mille pouvaient être excellentes ; cependant, il convenait de les soumettre à la critique pour faire ressortir, s'il y avait lieu, les inconvénients de leur mise en pratique. L'ingénieur ordinaire Eon-Duval fut chargé de prendre la défense des intérêts des riverains et de consigner

(1) M. de Juigné avait présenté son avant-projet le 20 décembre 1859.

ses observations dans un rapport qui fut imprimé (1). Voici ses objections. C'est une faute de réduire la contenance du lac puisqu'il est constant que l'Achenau a un débit très lent avec une pente insensible. Il en résulte que les eaux de crue doivent séjourner dans le bassin jusqu'au moment où elles pourront passer dans l'émissaire.

La provision d'un réservoir de 800 hectares s'impose.

L'utilité publique du desséchement n'est pas évidente; car, si d'un côté on conquiert 3.600 hectares de terrains sous l'eau, d'un autre côté, on court de grands risques financiers et sanitaires. Il convient tout au moins d'adopter certaines modifications et de fixer le niveau de l'étiage à 1 mètre 60.

La digue et le canal de ceinture seraient reportés dans le lac à une assez grande distance des rives, pour qu'à l'étiage il reste un bassin modérateur de 800 hectares.

Le fond du canal sera 0m20 en contrebas du zéro de Buzay.

Les affluents navigables approfondis et curés.

L'Achenau aurait son plafond abaissé suivant une pente de 0m03 par kil. sur une largeur de 15 mètres.

Une troisième voie d'écoulement parallèle au canal de Buzay et large de 5m40 serait ouverte.

Enfin un canal à petite section serait pratiqué sur la rive occidentale du lac.

L'avis de M. Eon du Val était d'un grand poids, car cet ingénieur, dans la direction du canal de Nantes à Brest, avait acquis une grande expérience des questions hydrauliques ; cependant son intervention ne détermina aucune résolution sérieuse.

Pendant 20 ans, les riverains du bassin purent s'endormir sans être réveillés par le cauchemar de la suppression du lac, les inquiétudes ne tourmentèrent les cerveaux que le jour où les ingénieurs vinrent étudier le problème de l'utilisation du lac pour l'alimentation du canal maritime de la Basse-Loire

(1) *Desséchement du lac de Grandlieu. Rapport de l'Ingénieur ordinaire des Ponts et Chaussées chargé de défendre les intérêts des populations riveraines* (Nantes, Merson, 1860, 1 pl. in-4°).

et celui de l'écoulement des eaux [1]. On crut trouver la solution dans un avant-projet qui comprenait l'approfondissement des affluents du lac nommés le Tenu et l'Achenau, et la construction d'un canal latéral au lac de 10 mètres de largeur dont la dépense était à la charge de l'Etat et de la Société du Canal de Buzay [2].

L'occasion était bonne pour reparler du desséchement, elle fut saisie avec empressement par le comte de Juigné qui cherchait sans cesse des accommodements avec le service hydraulique. Ses propositions de 1888 n'étaient pas suffisamment préparées pour être accueillies; cependant, avec l'approbation du Ministère, des conférences furent ouvertes sur l'influence que pourrait exercer le desséchement du lac par rapport au canal de la Basse-Loire. Les bases de l'avant-projet de l'ingénieur Resal supposaient un élargissement de 15 mètres pour l'Acheneau. Dans ses conclusions, en date du 28 janvier 1889, cet ingénieur déclare que le desséchement du lac aura pour effet d'avancer la date de l'écoulement des eaux d'hiver, ce qui n'a pas d'importance, et ensuite d'augmenter le débit par seconde du chenal à l'époque du maximum des crues. Dans cette dernière éventualité, il faudra évacuer les eaux par l'écluse du Carnet, opération qui n'offre pas de difficultés en préparant certains ouvrages.

Cette appréciation était encourageante pour M. de Juigné. Il reparut en scène avec les projets de 1859-1860 qu'il modifia jusqu'à admettre un canal latéral de 15 mètres de largeur avec un réservoir régulateur de 800 hectares et proposa de prendre l'exécution à sa charge si l'Etat lui fournissait une subvention de 375.000 francs. Pour montrer qu'il était prêt, il apporta le contrat notarié d'une association libre conclue le 24 janvier-19 février 1894, entre les propriétaires du lac, c'est-à-dire entre les membres de sa famille [3].

Le 23 août suivant, la nouvelle combinaison du comte de

(1) Ce canal fut déclaré d'utilité publique le 8 août 1879.
(2) Cet avant-projet fut approuvé par décret du 16 mai 1881.
(3) Cette association fut convertie en association autorisée par arrêté du Préfet du 28 juin 1895 (*Recueil des actes admin.*).

Juigné fut soumise à une grosse enquête sous le titre de *projet de desséchement partiel* du lac *de Grandlieu*, afin de ménager l'opinion des riverains, mais cette précaution n'atteignit pas son but. Ceux-ci demeurèrent pleins de défiance et répondirent par la création d'un syndicat de défense contre le desséchement dont les statuts furent approuvés en assemblée générale le 15 février 1896 (1).

C'était une déclaration de guerre. Les opposants fourbirent leurs armes, publièrent des articles dans les journaux, rédigèrent des mémoires et manœuvrèrent si activement sur place et à Paris qu'ils firent encore une fois échouer les tentatives de desséchement ; et pourtant, le comte de Juigné, tenant compte de toutes les observations, était parvenu à constituer un dossier qui le mettait d'accord avec les ingénieurs. Les dispositions essentielles du projet de 1889 étaient conservées dans la requête qu'il présenta le 27 avril 1896 à la Préfecture (2).

L'économie du nouveau projet consistait à isoler par une digue insubmersible les affluents de la cuvette du lac et à conduire leurs eaux dans l'Achenau au moyen d'un canal de ceinture servant aussi à la navigation, avec une largeur de 15 mètres. A l'est et au sud, on réservait un bassin modérateur de 800 hectares et, sur la rive occidentale, un fossé pourvu de vannages était prévu pour recueillir les eaux pluviales dont on aurait besoin pour irriguer les prairies de Saint-Lumine et de Saint-Mars. Cet ensemble était complété par un déversoir près de Passay et un réseau de collecteurs principaux et secondaires; de plus, un réseau de fossés de desséchement devait conduire les eaux intérieures aux machines d'épuisement.

L'estimation des dépenses s'élevait au chiffre de 1,900,000 fr. auquel les ingénieurs firent ajouter 360,000 francs pour l'exécution d'un ouvrage évacuateur au Carnet. Toutes les autorités étaient d'accord sur la possibilité de supprimer le lac

(1) Cartons du Cabinet de M. Simon, ancien avoué.

(2) Ce projet était une combinaison des idées de M. Eon du Val et de celles de M. Resal.

de Grandlieu et sur l'opportunité de solliciter une déclaration d'utilité publique, lorsqu'en mars 1897 la Chambre des Députés répondit qu'il y avait lieu de procéder à une étude approfondie de la question de la propriété du lac de Grandlieu. L'affaire n'a pas fait un pas depuis cette époque au point de vue pratique, cependant il est utile de noter ici une décision du Conseil d'Etat de 1898 dans laquelle cette haute juridiction déclare que la question de propriété devait être tranchée par les tribunaux (1).

Pendant que le dossier du lac sommeille dans les cartons du Ministère de l'Agriculture, la Nature poursuit son œuvre régulière, les eaux s'abaissent de plus en plus tous les ans avec le secours des excavations et des déroquements exécutés dans les méandres de l'Achenau, les herbes envahissent les rives, les roseaux aspirent l'humidité et facilitent le colmatage des prairies, enfin le bassin des eaux profondes se rétrécit si rapidement que les ingénieurs pourraient calculer l'année où le lac sera remplacé par un petit étang de 800 hectares. Les efforts du comte de Juigné n'auront pas été vains, car la Nature n'agit jamais seule, elle a toujours besoin, à un moment donné, que la main de l'homme apporte la perfection aux ouvrages qu'elle a commencés.

(1) Le Conseil d'Etat avait sous les yeux un long mémoire du député G. Roch, publié le 1er octobre 1897 sous ce titre : *Question de domanialité du lac de Grandlieu*, 1 pl. in-8° (Arch. dép., série S). Voir aussi le *Populaire de Nantes*, des 29 et 30 avril 1898).

Amélioration du Bas-Tenu

Organisation des Syndicats

des prairies de Buzay,

des prairies de Vue,

des prairies de la Martinière,

des prairies de Tenu, de la Villette et du Migron

I

Syndicat des prairies de Buzay

915 hectares.

Le Syndicat des prairies de Buzay est absolument différent du Syndicat du canal de Buzay, bien que leur dénomination se ressemble au point de créer une confusion ; il représente uniquement le périmètre de l'ancien domaine des religieux de l'abbaye de Buzay, tel qu'il était au moment de la suppression de la communauté, en 1790. Le premier est une association qui a pour but l'irrigation de prairies basses d'un seul tenant au moyen de l'introduction méthodique des eaux limonneuses de la Loire, tandis que le second est une association de dessécheurs de 16 communes auxquels on a imposé une servitude de navigation sur un canal qu'ils ont creusé.

Leurs organes sont absolument distincts, car le canal dit de Buzay lui-même est en dehors du périmètre du Syndicat des prairies.

Celui-ci a un canal particulier, qu'on nomme le *canal du Pavillon*, dont les eaux sont réglées, près de l'embouchure, par des portes de flot. Il débouche dans le canal d'irrigation créé par l'Etat et non dans la Loire.

La superficie totale des prairies de Buzay comprend 915 hectares qui, déduction faite des ouvrages accessoires, contient 694 hectares de prairies dont la valeur flotte entre 5.000 et 6.000 francs l'hectare. C'est donc une propriété d'une valeur supérieure à 4 millions.

Les particuliers qui en ont acheté les morceaux pendant la Révolution n'ont rien eu à modifier ; ils ont trouvé le terrain divisé en 28 tenues entourées chacune de leurs douves de ceinture et de contre-ceinture; ils n'ont eu qu'à entretenir les canaux en bon état pour assurer le bon écoulement des eaux et les digues qui les protègent contre les inondations de la Loire. L'évacuation est assurée par 2 canaux qui ont une largeur de trois mètres au plafond, c'est le canal du Pavillon avec son affluent l'Etier des Gâts. La longueur des deux canaux est de 3.810 mètres.

Le canal du Pavillon constitue l'artère principale d'irrigation ; des prairies, des rigoles ou douves s'en détachent de chaque côté, de distance en distance. L'écluse du Pavillon, placée au point où le canal traverse les digues, commande l'entrée des marais. Des vannages barrent le canal à l'extrémité de chaque gradin, ils servent à la fois à les isoler l'un de l'autre et à faire gonfler les eaux d'irrigation. Les gradins dont nous parlons sont au nombre de trois : le premier entre les cotes $4^{m}50$ et 6 mètres, le second entre les cotes 4 mètres et $4^{m}50$, et le troisième est à la cote de 4 mètres en prenant toujours pour repère le zéro de l'échelle de Saint-Nazaire.

Sur toute la longueur de la grande levée du Pavillon et des Hautes-Angles, le même système fonctionne avec des vannages de 1 mètre à $1^{m}50$ qui servent de prises d'eau pour faciliter l'introduction des eaux fertilisantes amenées à chaque marée.

Les propriétaires qui remplacèrent les Religieux ne pouvaient pas vivre les uns à côté des autres dans l'isolement, ils furent bientôt dans la nécessité de former une communauté laïque pour éviter les contestations qui menaçaient de les diviser. Le 21 messidor an VI ils se réunirent avec le receveur des Domaines, régisseur de plusieurs tenues, et arrêtèrent les bases d'un règlement dont les articles touchent les objets suivants :

1° Reconnaître les passages et servitudes qui appartiennent à diverses tenues.

2° Désigner les objets qui appartiennent à la généralité des propriétaires et dont l'entretien est une charge commune.

3° Fixer la portion contributive de chaque tenue.

4° Préciser les devoirs et les obligations de chacun.

5° Etablir un éclusier.

6° Nommer des commissaires.

Les dispositions prises alors furent transformées en statuts définitifs par une ordonnance constitutive qui porte la date du 13 janvier 1817.

L'existence de l'association n'a été troublée qu'en 1878, au moment où les projets du canal maritime de la Basse-Loire furent mis à l'enquête.

Les propriétaires pouvaient craindre que le tracé de ce canal privât leurs prairies de la communication directe avec la Loire dont ils avaient tant besoin pour leurs irrigations. Leurs instances et leurs démarches firent tant d'impression que les ingénieurs furent obligés d'inscrire dans leur programme l'exécution d'un siphon qui passe sous le canal et restitue aux riverains les avantages de la proximité du fleuve dans une certaine mesure. Je fais cette réserve parce que les eaux étant presque clarifiées, perdent une partie de leur vertu fertilisante, disent les riverains (1).

Les ouvrages prévus pour la distribution de l'eau comprennent : 1° un canal d'accès débouchant dans le canal de décharge des Champsneufs, à l'aval du barrage, et terminé par une écluse de garde; 2° un siphon passant sous le canal à 160 mètres du fleuve; 3° un canal intérieur principal s'étendant jusqu'à l'étier de Vue ; 4° un second canal prolongé jusqu'à l'étier du Pavillon ; 5° une écluse intérieure permettant de distribuer les eaux dans les deux canaux ou de les rejeter dans le canal maritime; 6° les rigoles nécessaires pour assurer l'irrigation sur les points où elle est possible.

La distribution des eaux à la sortie du siphon mérite une

(1) Les irrigations ne se pratiquent pas d'une façon méthodique, chaque propriétaire est servi, autant que possible, d'après la demande qu'il en fait, et par ordre de priorité de date. De cette manière de procéder résulte une utilisation des ressources en eau disponibles.

description spéciale tant elle est ingénieuse. Dans le canal établi en prolongement du siphon se trouvent *trois écluses* qui s'ouvrent et se ferment successivement suivant les besoins de l'irrigation ou de l'écoulement. Elles sont au nombre de trois, parce qu'il y a trois associations qui, sans elles, seraient en souffrance. Quand on ouvre l'écluse de l'Est, on envoie l'eau dans un canal d'irrigation creusé par l'Etat pour alimenter les canaux des prairies de Buzay. L'écluse du Sud correspond au vieil étier de Vue et règle les quantités nécessaires aux marais de Vue. Enfin, celle de l'Ouest est pour les prairies du Tenu, de Villette et du Migron (1).

Dans la pensée de M. l'ingénieur Joly, toutes ces installations n'étaient pas dues aux propriétaires, elles furent longtemps débattues et ne furent adoptées qu'après une visite des lieux par l'inspecteur général Wattier.

II

Syndicat des marais de l'Etier de Vue

Au moment où se forma la Société du Canal de Buzay, les propriétaires de la paroisse de Vue se présentèrent en petit nombre pour se faire enrôler; ils croyaient avoir bien défendu leurs intérêts en réclamant aux dessécheurs du Haut-Tenu le nettoyage de leur rivière ; ils comptaient sur un courant d'eau continu venant d'amont pour arroser leurs prairies et conserver le chenal des bateaux. Ceux qui étaient sur les rôles possédaient des marais entre Messan et les arches de Vue et rien au delà.

En 1806, les habitants de Vue s'aperçurent de leur erreur et voulurent s'affilier à la Société du Canal de Buzay dans l'espérance d'obtenir plus rapidement des améliorations pareilles à celles de la vallée supérieure. Leur pétition devait être examinée en assemblée générale ; cependant on leur fit

(1) C'est là ce qu'on appelle la triple écluse des Champsneufs.

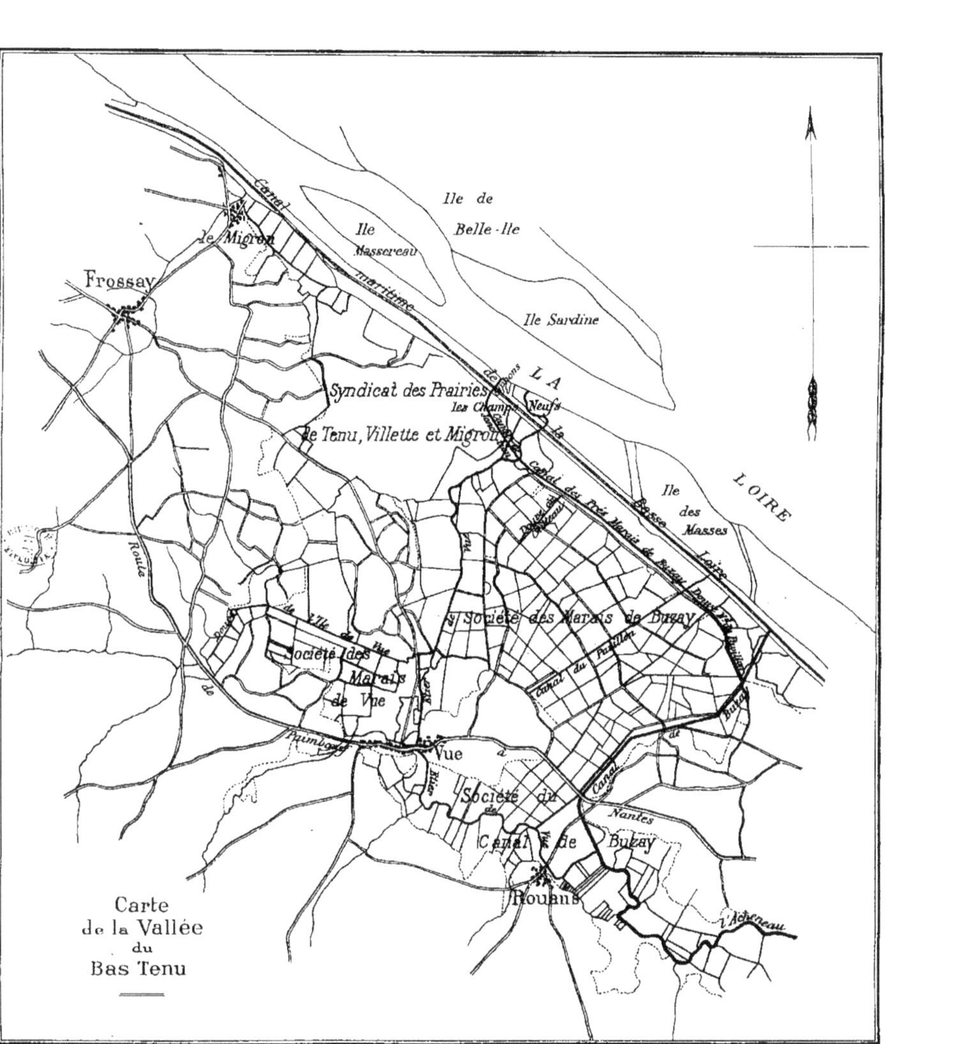

Carte de la Vallée du Bas Tenu

entendre de suite que la société n'avait pas d'intérêt à prendre de nouveaux terrains à sa charge. Cette observation fut confirmée par la majorité.

La commune de Vue prit sa revanche contre le Syndicat en poursuivant à outrance les associés afin de les obliger à rétablir la navigation par l'étier de Vue dans des conditions qui n'avaient pas été prévues en 1713 et avec des perfectionnements déraisonnables. Ils manœuvrèrent si habilement qu'ils obtinrent du moins une compensation pour tous les chômages subis par les bateliers. Une commission syndicale instituée à Vue par le Préfet, en 1825, prit en mains la gestion des intérêts des propriétaires de Vue avec la mission de transiger avec la Société des dessécheurs du Canal de Buzay. C'est elle qui toucha l'indemnité de 35.000 francs dont nous avons parlé plus haut.

Désormais, il n'y aura plus rien de commun entre les deux associations. L'Etat veut que Vue ait un syndicat spécial avec des statuts réguliers qui sont énumérés dans une ordonnance royale à la date du 20 janvier 1830.

Les premiers articles expliquent ainsi son rôle et l'étendue de son périmètre.

Les propriétaires des marais situés au nord du pont de vue et de la commune de Vue, ceux des marais situés dans la *commune de Frossay*, à l'ouest du pont du Gué au Vé, et enfin ceux des marais de la *commune d'Arthon*, également situés à l'ouest du pont du Gué au Vé, se réuniront en société sous la dénomination de *communauté des marais de l'étier de Vue.*

L'intérêt de ces trois communes dans la société sera proportionné à la quantité des eaux des marais de chacune d'elles qui profitent du desséchement résultant des travaux exécutés pour l'établissement et l'entretien de l'étier de Vue.

Les propriétaires des marais formant la société seront tenus de faire faucher et enlever, en saison convenable, toutes les herbes qui pourraient nuire au libre écoulement des eaux, de crocheter et même défoncer les douves de desséchement.

La commission syndicale des marais et des prairies situés autour de Vue avait à gérer des intérêts trop importants pour demeurer dans l'inaction après avoir obtenu une indemnité de 35.000 francs. Dès 1830, elle reprit ses délibérations et se mit à creuser dans l'ancien lit du Tenu (Acheneau) un canal régulier de 6 mètres de largeur uniquement en vue de dessécher les prairies et sans se soucier de la navigation. Les travaux se continuèrent jusqu'aux Champsneufs et se terminèrent par une écluse qui fut prête en 1832 (1).

Son autorité s'accrut le jour où elle obtint son érection en syndicat régulier avec des statuts qui déterminent exactement ses attributions. Son but était d'améliorer la rivière avec toute la perfection possible, en remettant à l'ordre du jour les plans de redressement de l'ingénieur Groleau. On commença, en 1870, par reconstruire l'écluse des Champsneufs. Ensuite, comme il fallait recourir à l'expropriation de beaucoup de propriétaires pour disposer des parcelles nécessaires aux travaux de rectification, on prépara toutes les pièces administratives, les plans et les devis que le Ministère exigeait pour obtenir une déclaration d'utilité publique. Le décret fut publié le 7 août 1878. Dès lors toutes les opérations suivirent leur cours sur une longueur de 5.037 mètres. La dépense prévue était de 63.933 francs pour laquelle l'Etat promettait de fournir une subvention égale au tiers. Les travaux furent exécutés sous la direction de M. l'ingénieur Joly, mais en les simplifiant de peur de dépasser les crédits.

Un dernier perfectionnement fut accordé au directeur du Syndicat, ce fut l'établissement d'un barrage dont l'approbation porte la date du 29 juin 1897. C'était un travail indispensable car le barrage de Vue, exécuté par le Service du Canal maritime, n'avait pas fermé toutes les issues ; les eaux passaient encore par le pont de la Tournerie, situé près de Vue. Chaque hiver les eaux de la Chenau venaient noyer les marais du Syndicat de Vue. Désormais, toutes les eaux du lac et de la Chenau passeront par le canal de Buzay.

Maintenant que l'étier de Vue est redressé, élargi et régularisé, il pourrait participer aux irrigations qui sont offertes

(1) Elle a été détruite par le canal.

par le service du Canal maritime puisqu'il est en communication avec l'écluse triple et le canal de jonction, il ne bénéficiera des submersions par les eaux de la Loire qu'en exécutant des travaux d'aménagement importants. Le Syndicat de Vue, créé pour dessécher, doit devenir une société d'irrigation.

Ses prés-marais se présentent suivant deux étages distincts : le premier, le plus rapproché de la Loire, compris entre les cotes 5^{m}20 et 5^{m}80, s'étend sur 2 kilom. environ en profondeur vers l'intérieur ; le second est généralement à la cote 4^{m}40. La prairie de Tenu, comprise dans l'étage supérieur, forme une cuvette dont le fond est à la cote 5^{m}20, d'où les eaux ne peuvent s'échapper par aucun fossé d'écoulement et où elles séjournent après chaque submersion. Il serait indispensable d'établir une série de barrages, de fossés, de vannages et de digues, de façon qu'on puisse arroser tel ou tel héritage à volonté. Ces résultats ne seront obtenus qu'en remaniant les bases du règlement.

III

Syndicat des prairies de la Martinière

L'objet de cette association, qui date de 1894, est de prendre en charge les ouvrages construits par l'Etat pour l'irrigation des prairies situées entre la Martinière et le canal de Buzay, et dont l'étendue est de 165 hectares formant une bande le long du Canal maritime. Sur 133 propriétaires, 92 ont adhéré de suite à l'avant-projet présenté par les ingénieurs dès l'année 1890 (1).

Les prairies à irriguer sont à une altitude qui varie de 5^{m}70 à 6^{m}20 au-dessus du zéro de Saint-Nazaire. La douve d'irrigation n'est autre que la douve de clôture prévue au projet d'exécution du canal maritime ; elle a son origine à l'extré-

(1) Voir au Recueil des actes administratifs de la Préfecture (*Arrêté du 15 octobre 1894*).

mité de l'estacade sud du chenal d'accès de la Martinière. Sa longueur totale est de 3.377m34. A la rencontre de chacune des douves transversales existantes, des vannages permettent l'irrigation et le desséchement. La prise d'eau se fait au moyen de trois vannes de 1m50 de largeur. Les autres vannages ont 1m10 et 1m25 de largeur.

L'Etat s'est engagé vis-à-vis des propriétaires à supporter les travaux d'entretien et de reconstruction concernant :

1° Le talus nord de la douve d'irrigation qui appartient en même temps au remblai du canal maritime;

2° Le talus sud de la douve, au long du terre-plein de la machinerie de la Martinière;

3° Le ponceau d'accès à l'écluse de la Martinière et l'aqueduc en maçonnerie situé sous les remblais du canal maritime au droit de l'étier de la Martinière, les perrés adjacents à ces deux ouvrages et les vannages y accolés.

Comme les associés des autres syndicats du Bas-Tenu, ceux de la Martinière ont renoncé à toute réclamation basée sur le défaut ou l'insuffisance des irrigations.

IV

Syndicat des prairies de Tenu, de Villette et du Migron

Ce Syndicat embrasse une superficie de 446 hectares de prairies en trois groupes qui peuvent s'irriguer par les mêmes organes, bien qu'ils se prolongent en bande le long du fleuve vers l'ouest. Leur altitude varie de 5m20 à 6m20 au-dessus du zéro de Saint-Nazaire.

Comme les précédents, ils se trouvèrent isolés des eaux de la Loire par l'ouverture du Canal maritime ; ils méritaient un traitement égal aux autres. Il n'y avait pas de motifs pour les exclure du bénéfice des irrigations ; aussi l'Administration s'empressa-t-elle de faire des propositions avantageuses aux intéressés. Ceux-ci furent lents à comprendre les conséquences des améliorations offertes par l'Etat. Sur 367 propriétaires, 68 refusèrent leur signature; cependant on passa outre et le Syndicat fut organisé avec la garantie de 299 propriétaires.

Les statuts portent la date du 20 octobre 1894 et l'approbation est du 22 mars 1895 (1).

Par l'article 1er les associés prennent en charge les ouvrages construits par l'Etat pour l'irrigation et, en retour, l'Etat prend l'engagement d'entretenir le talus nord de la douve, là où est la limite d'emprise du Canal maritime.

La douve d'irrigation principale, dans la partie qui longe le Canal maritime, n'est autre que la douve de clôture prévue au projet d'exécution du canal. Sa longueur est de 2.420 mètres. Sur cette douve principale s'embranchent deux douves de même largeur qui s'appellent les douves des Ormeaux et du Moura.

Au total, les canaux ont une longueur de 7.199m85. A la rencontre de chacune des douves existantes, on a prévu des vannages, au nombre de 24, qui permettent l'irrigation et le desséchement.

C'est un spectacle curieux à voir au moment où la marée monte et vient offrir à tout ce peuple de propriétaires, de fermiers et d'éclusiers les bienfaits de ses inondations dosées avec précision. Chacun est à son poste; les uns aux écluses, les autres aux vannages l'œil fixé sur l'échelle de niveau, afin que toutes les portes soient ouvertes ou fermées au moment opportun et pendant la durée qui convient. Il y a loin de cet agencement hydraulique et de ce mécanisme savant aux mouvements désordonnés qui se produisaient autrefois quand les marées entraient librement dans les canaux.

(1) Ils sont insérés au Recueil des actes administratifs de la Préfecture de 1895.

TABLE DES MATIÈRES

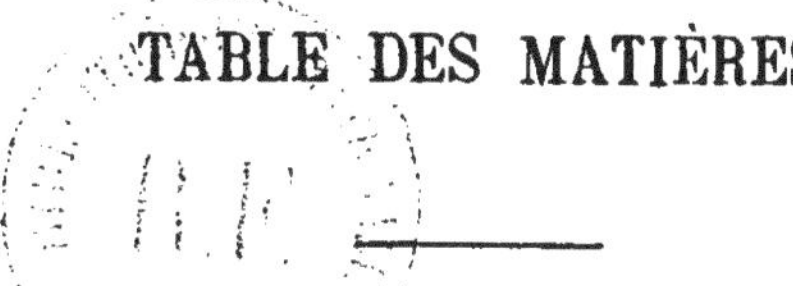

Imp. Oberthür, Rennes (1908-12).

www.ingramcontent.com/pod-product-compliance
Ingram Content Group UK Ltd.
Pitfield, Milton Keynes, MK11 3LW, UK
UKHW012046240726
13965UKWH00003B/1082

9 782013 048682